Unsterblichkeit für Anfänger

Mythen, Methoden, Motivationen und Probleme

Kontakt: www.HarryEilenstein.de
Harry.Eilenstein@web.de
Harry Eilenstein bei youtube

Herstellung und Verlag: BoD – Books on Demand, Norderstedt

ISBN: 9783755715573

Inhaltsverzeichnis

I Unsterblichkeit?

Spätestens seit „Lord Voldemort" in dem siebenbändigen „Harry Potter"-Roman ist das Streben nach Unsterblichkeit wieder ein etwas bekannteres Thema geworden. Nun gibt es jedoch keine „Horcruxe" wie in diesem Roman, die das Sterben und das Getötetwerden verhindern. Lohnt es sich daher überhaupt, sich mit diesem Thema zu befassen?

Offenbar ist dieses Thema für die Menschen schon seit langer Zeit wichtig gewesen – zumindestens bei den Indogermanen. In der Überlieferung der verschiedenen indo-germanischen Völker, also der Kelten, Germanen, Römer, Balten, Slawen, Griechen, Thrakaer, Skythen, Mitanni, Perser, Inder und Tocharer ist die älteste nachweisbare Kombination von Worten „unsterblicher Ruhm". Das ist das, wonach die Indogerma-nen gestrebt haben – die körperliche Unsterblichkeit war nicht möglich, also wollten sie durch ihren Ruhm unsterblich werden. Von anderen Völkern ist ein solches Streben nicht in dieser Intensität bekannt.

Dieser Ansatz ist bis heute in unserer westlichen Kultur, die auf die Indogermanen zurückgeht, bestehen geblieben: Wieviele Menschen wollen nicht Stars oder Super-stars werden und sich einen Platz in den Annalen der Geschichte sichern? Manche Menschen opfern für einen solchen Ruhm sogar alles andere in ihrem Leben wie der Mann, der John Lennon von den Beatles ermordet hat – nur um allgemein bekannt zu werden …

Es gibt viele Wege, auf denen nach der Unsterblichkeit gestrebt wird wie das Verlangen nach Ruhm, das Lebenselixier der Alchemisten oder die Gen-Forschung. Es ist bei allem Bemühen jedoch bisher kein Mensch bekannt, der substanziell länger als die üblichen „100 Jahre" gelebt hat.

Ist Unsterblichkeit überhaupt möglich? Alles wandelt sich – und was wäre, wenn sich nichts wandelt? Dann gäbe es gar kein Leben …

Doch ganz so einfach wie „Unsterblichkeit ist unmöglich" ist die Angelegenheit nun auch wieder nicht. Doch um die Möglichkeiten und die Begrenzungen dieses Themas zu erfassen, ist eine gründlichere Betrachtung notwendig.

II Die Suche nach der Unsterblichkeit

Historisch gesehen gibt es zunächst einmal den Lebenstrieb oder Überlebenstrieb, der sich subjektiv als Egoismus oder Gruppenegoismus zeigt. Nichts, was diesen Egoismus nicht hat, kann weiterexistieren. Ein Mensch, der sich selber aufgibt, wird bald sterben. Ein Tier in einem reißenden Fluß, das aufgibt, wird ertrinken. Und selbst eine chemische Verbindung, die sich nicht selber erhalten kann, d.h. die nicht stabil ist, wird zerfallen. Alles, was nicht die Fähigkeit der Selbsterhaltung besitzt, stirbt und ist raus aus dem Spiel. Nur die, die die Fähigkeit der Selbsterhaltung besitzen, leben weiter und sind daher Teil des Spiels, sind ein Element dieser Welt.

Der „Durst nach Leben", wie die Wikinger diesen Instinkt nannten, ist die Wurzel des Strebens nach Unsterblichkeit – die Unsterblichkeit ist das dauerhaft erfolgreiche Überleben.

- - -

Die Entdeckung der Astralreise vermutlich schon in der Altsteinzeit brachte ein neues Element in das Streben nach dem Überleben. Die Astralreise zeigt, daß der Mensch mehr als nur sein physischer Körper ist: Das Bewußtsein mitsamt der Wahrnehmungsfähigkeit kann den Körper verlassen, an jeden beliebigen Ort reisen und anschließend wieder in den physischen Körper zurückkehren.

Die Vermutung lag nahe, daß dieser Astralkörper auch noch nach dem physischen Tod weiterbestand – vor allem, weil man spontan solche Astralreisen vor allem in Nahtod-Situationen erlebt.

Aus diesem Erlebnis bildeten sich dann eine ganze Reihe von weiteren Vorstellungen:

- Zunächst einmal war das die Seele (Astralkörper) des lebenden Menschen;

- dann die Seele des verstorbenen Menschen;

- zudem das Jenseits als der unzugängliche Ort unter der Erde, in den tiefen Wassern oder am Himmel als der Wohnort der Seelen der Toten;

- weiterhin die Bitten um Rat und Hilfe an die Seelen der verstorbenen Ahnen;

- schließlich die Beschreibung der Ankunft der Seelen der Verstorbenen im Jenseits als Analogie zu der Ankunft im Diesseits, d.h. als Wiederzeugung,

Wiedergeburt und Wiederstillen;

- und im Königtum entstand schließlich, um das Dogma der Gerechtigkeit des allmächtigen Einen Gottes aufrechterhalten zu können, die „Erfindung" des Letzten Gerichts bzw. des Prinzips des Karmas.

Auch das Ewige Leben entweder im Paradies oder in der Hölle, das sich in dem jüdischen, dem christlichen und dem islamischen Weltbild findet, ist eine Form des Strebens nach Unsterblichkeit – oder genauer gesagt die Überzeugung, daß wir alle auf jeden Fall von der Seele her unsterblich sind und es lediglich die Frage ist, wo wir unsere endlose, „ewige" Zeit nach unserem Tod verbringen werden.

Eine sehr ähnliche Vorstellung gibt es auch im Hindhuismus und im Buddhismus: das Karma-Prinzip.

- - -

Das Motiv des Wiederzeugung hat sich sehr stark weiterentwickelt. Zunächst finden sich bei den Ägyptern noch die Darstellungen des Pharaos, der im Jenseits nach seiner Wiedergeburt durch die Muttergöttin Hathor gesäugt wird. Meistens ist Hathor dabei eine Baumgöttin, da der Weltenbaum der Weg in das Himmelsjenseits zu der Göttin Hathor ist.

Insbesondere bei den Indogermanen wurde aus dem Motiv der „Milch der Göttin" ein Ritualtrank, der aus Milch und Honig sowie manchmal auch aus einigen psychotropen Kräutern bestand. Bei den Ägyptern wurde dieser Trank im Kult von dem Pharao tanzend zu der Statue der Göttin Hathor getragen. Woraus dieser ägyptische Rritual-Trank bestanden hat, ist nicht bekannt, aber er wird doch recht wahrscheinlich Milch enthalten haben – zumal Hathor auch die Kuhgöttin gewesen ist.

Dieser rituelle Trank diente in der gesamten indogermanischen Überlieferung dem Erlangen der Unsterblichkeit im Jenseits schon während dieses Trink-Rituals im Diesseits. Dieser Trank hieß bei den Griechen „Nektar ambrosia", was „Honigtrank der Unsterblichkeit" bedeutet; bei den Indern hieß er „Soma amrita", was „Soma-Trank der Unsterblichkeit" bedeutet – Soma ist die Rankenpflanze, deren Saft man bei den Indern und bei den Persern diesem Trank beimischte. Auch der Met bei den Kelten und bei den Germanen hat diese Symbolik.

Eine geringfügig umgedeutete Version dieses Unsterblichkeitstrankes findet sich im Christentum: der Wein der Eucharistie bzw. des Abendmahls. Hier sind die beiden Symboliken des Opferblutes der Tiere und des Unsterblichkeitstranks zu dem Blut des „geopferten" (gekreuzigten) Christus verbunden worden. Auch dieser Trank soll die Erlösung bringen, sprich die Absicherung des Aufenthaltes während des Ewigen Lebens im Himmel und nicht in der Hölle.

- - -

Diese Symbolik des Unsterblichkeitstrankes wurde noch einen Schritt weiterentwickelt, indem man die Herstellung dieses Ritualtrankes auf chemisch-pharmazeutische Weise immer effektiver zu gestalten versuchte. Dies war der Ansatz der Alchemisten in Europa und in Indien.

Dieser Ansatz ist sehr wahrscheinlich in Ägypten entstanden, denn „Alchemie" ist arabisch und lautete ursprünglich „Al-Kemi", d.h. die „Kunst/Wissenschaft aus dem Schwarzen Land". „Kemi" ist der Name, den die alten Ägypter ihrem eigenen Land gegeben habe – das „schwarz" bezieht sich auf die Farbe des fruchtbaren Erdbodens im Niltal im Gegensatz zu dem „rot" der Felsen und des Sandes der Wüste.

Oft wird gesagt, daß das Lebenselixier mithilfe des Steins der Weisen hergestellt werden kann. Dieser Stein kann zunächst einmal Blei in Gold verwandeln. Gold ist das Symbol der Sonne und der Seele. Das Gold symbolisiert daher auch den Sonnenaufgang und die Wiedergeburt der Seele – und diese Wiedergeburt im Jenseits ist das, wodurch man die Unsterblichkeit erlangt.

- - -

Man kann sich natürlich fragen, ob all dieses rituelles Wiederzeugen, die Wiedergeburt und das Wiederstillen sowie die Rituale mit dem Unsterblichkeits-Trank überhaupt notwendig sind. Entweder ist die Seele unsterblich oder sie ist es nicht. Es ist unwahrscheinlich, daß ein Trank aus Honig und Milch oder auch ein Glas Rotwein in einer christlichen Kirche bewirken, daß die Seele dadurch nach dem Tod weiterexistiert.

Mythen sind Bilder, die die Welt erklären sollen – und diese Mythen sind immer nur so hilfreich, wie sie präzise und zutreffend sind.

Das Folgende sind die wichtigsten Mythen im Zusammenhang mit der Unsterblichkeit:

- Als Grundlage gibt es zunächst nur die Möglichkeit der Astralreise.

- Die Vorstellung eines Ortes, an dem sich die Seelen der Toten versammeln, ist schlichtweg ein Bild, um den Aufenthaltsort der Seelen der Ahnen beschreiben zu können.

- Die Wiedergeburt durch die „Große Mutter" im Jenseits ist eine Analogiebildung zu der Geburt im Diesseits durch die leibliche Mutter.

- Die Wiederzeugung und das Wiederstillen sind Ausweitungen des Gleichnisses zwischen Geburt und Wiedergeburt.

- Das Lebenselixier ist schließlich der Versuch, einen wirklich funktionierenden Unsterblichkeits-Trank auf magisch-technische Weise herzustellen.

Angesichts dieser Entstehungsgeschichte der Unsterblichkeits-Vorstellungen ist es recht fraglich, ob es eigentlich eine reale Grundlage für das Erlangen der Unsterblichkeit gibt. Zunächst einmal bleibt von diesen Betrachtungen nur übrig, daß es zum einen die Astralreise als Ansatzpunkt für ein solches Streben nach dem Ewigen Leben gibt, und daß es zum anderen offenbar in den Menschen ein tief verwurzeltes Bedürfnis nach der Unsterblichkeit gibt – die die Absolutheits-Variante des Überlebensdranges ist.

- - -

Alle Dinge, die zu etwas Absolutem geworden sind, stammen aus der Epoche des Königtums: die Allmacht des Königs, die zentrale Lenkung des Reiches, der Monotheismus, die Wahrheit, die Philosophie …

Daraus kann man schließen, daß der Wunsch nach Überleben zu einem Unsterblichkeitsstreben wird, wenn im Menschen in der phallischen Phase, also ab ca. 3 Jahren, das Ich erwacht. Die phallische Phase ist durch die Worte „Ich will!!!" geprägt und entspricht historisch gesehen dem Königtum und dem Monotheismus.

Das Streben nach Unsterblichkeit ist ein Aspekt des Strebens nach vollkommener Selbstbestimmtheit – und manchmal auch des Strebens nach Allmacht.

Entsprechend findet man das Thema der Unsterblichkeit vor allem bei Menschen, deren Sonne entweder im Löwen oder im 1. Haus („am Aszendenten") steht. Dies liegt daran, daß die Sonne in der Astrologie das „Ich!!!" repräsentiert. Dieses Ich will ungehindert strahlen – und zu diesem Ungehindersein zählt auch die Unsterblichkeit, d.h. die Selbstbestimmung des eigenen Todeszeitpunktes bzw. die Ablehnung des eigenen Todes.

III   Potentielle Unsterblichkeit

Es gibt einige Lebewesen, die potentiell unsterblich sind, d.h. die keines natürlichen Todes sterben, sondern höchsten verhungern, vertrocknen, verbrennen, erkranken, von anderen Wesen gefressen oder auf eine ähnliche gewaltsame Weise sterben können. Diese Form der Unsterblichkeit wird „potentielle Unsterblichkeit" genannt. Es ist also nicht so, daß sie nicht sterben können bzw. niemals sterben werden, sondern nur so, daß sie keine natürliche Altersgrenze kennen.

   - Generell sind alle Einzeller oder Einzeller-Kolonien potentiell unsterblich. Die Einzeller wachsen und teilen sich dann in zwei Zellen. Die Mutterzelle lebt also in ihren beiden Tochterzellen weiter. Alle Lebewesen pflanzen sich auf diese Weise fort, aber bei den komplexeren Lebewesen überleben nur die Samenzellen des Vaters und die Eizellen der Mutter, die sich vereint und ein neues Lebewesen erschaffen haben – Vater und Mutter hingegen sterben schließlich. Aus diesem Zusammenhang stammt das diffuse, aber weit verbreitete Gefühl, daß man nach seinem eigenen Tod in seinen Kindern weiterlebt.

Es gibt jedoch auch einige komplexe Lebewesen, die potentiell unsterblich sind:

   - Zellkolonien aus Einzellern können sich teilen und zwei neue Zellkolonien bilden. Innerhalb einer solchen Kolonie teilen sich die einzelnen Einzeller wie isoliert lebende Einzeller, indem sich eine Mutterzelle in zwei Tochterzellen teilt.

   - Einige Seegurkenarten zeigen keine Anzeichen von natürlicher Alterung und können unbegrenzt lange leben.

   - Dasselbe gilt auch für die Süßwasserpolypen, die ebenfalls keine natürliche Alterung kennen.

   - Die Qualle Turritopsis dohrnii entwickelt sich vom Kindheitsstadium zur sexuellen Reife, pflanzt sich fort, entwickelt sich in die Kindheitsform zurück, danach wieder zur sexuellen Reife, pflanzt sich fort, kehrt in die Kindheitsform zurück usw. Dieser sehr effektive Lebenszyklus nutzt das Vorhandensein des Quallen-Körpers und läßt ihn nicht sterben, sondern „recycelt" ihn endlos oft – ein ökologisch gesehen vorbildliches Verhalten …

- Im Bereich der Pflanzen gibt es viele Arten, die Wurzelschößlinge oder Rhizome (Wurzelknollen) bilden, aus denen dann neue Pflanzen entspringen. Diese weitverbreitete Methode findet sich von der Brennessel bis hin zum Ahorn. Dadurch bleibt die Pflanze stets dieselbe, auch wenn sich ihr Körper allmählich ändert.

Manchmal gibt es ganze kleine Wälder, die eine einzige Baum-Pflanze bilden, d.h. in der alle Bäume über ihre Wurzeln miteinander verbunden sind und als Wurzelschößlinge aus einem Ursprungs-Baum heraus entstanden sind und daher genetisch identisch miteinander sind – und letztlich auch dasselbe Lebewesen bleiben, auch wenn immer wieder einzelne Bäume dieses Wäldchens absterben und neue Bäume hinzukommen.

Bei der Eibe und einigen anderen Baumarten verfault im hohen Alter das Innere des Stammes, aber der noch lebende Rand des alten Stammes wandelt sich in mehrere neue Stämme um – wodurch diese Bäume in noch höherem Maße als die eben geschilderten Wäldchen auf unbegrenzte Zeit hin ein und dasselbe Lebewesen sind.

Schließlich gibt es noch einige Moose, die von einem Ort aus nach allen Richtungen hin wachsen, aber dann nach und nach absterben. Das Moos als Pflanze hat also gleichzeitig Stellen, an denen neue Zweige entstehen, und Stellen, an denen alte Zweige absterben. Das Moos bleibt also stets derselbe Körper, auch wenn ständig neue Glieder wachsen und alte Glieder absterben und nach ein paar Jahren kein einziges von den alten, ursprünglichen Gliedern mehr vorhanden ist.

- Die Pilze sind generell potentiell unsterblich und kennen keinen Alterungsprozeß. Sie können sich zudem fast unbegrenzt ausdehnen. Daher ist der Hallimasch-Pilz das größte und schwerste bekannte Lebewesen auf der Erde: Die größte Hallimasch-Kolonie bedeckt eine Fläche von $9km^2$, wiegt 600t und ist ca. 2400 Jahre alt.

Es hat den Anschein, als ob die Sterblichkeit mit der Komplexität und mit der Beweglichkeit zunehmen würde: Einzeller sind im Gegensatz zu Vielzellern potentiell unsterblich und die weitgehend in der Erde ruhenden Pilze sind ebenfalls potentiell unsterblich. Am anfälligsten für die Nicht-Unsterblichkeit sind die Tiere, wenn man einmal von den oben genannten Ausnahmen absieht. Die Pflanzen stehen in Bezug auf die Sterblichkeit zwischen den Pilzen und den Tieren – sowohl durch das Erneuerungsprinzip als auch durch das Alter, das eine einzelne Pflanze erreichen kann (der älteste bekannte einzelne Baum ist 9550 Jahre alt).

Die komplexe und stark bewegte Lebensweise der Menschen scheint für das Erlangen einer potentiellen Unsterblichkeit also recht ungeeignet zu sein. Ausgesprochen interessant ist der Zyklus der oben genannten Qualle, die zwischen dem Kindheits-Stadium und dem Erwachsenen-Stadium hin- und herwechselt. Es ist jedoch fraglich, ob sich ein derartiger Zyklus nachträglich in die DNS des Menschen einbauen läßt.

IV Die körperliche Unsterblichkeit

Normalerweise werden Menschen höchstens 100 Jahre alt, der Schnitt liegt derzeit bei 73 Jahren, der älteste bekannte Mensch ist 122 Jahre alt geworden. Diese Grenze läßt sich auch durch eine gesunde Lebensführung nicht weiter ausdehnen – bei ca. dem Doppelten der derzeitigen durchschnittlichen Lebenserwartung ist Schluß.

Das Altern ist biologisch einprogrammiert – die Zellen werden nur eine begrenzte Zahl oft regeneriert, sodaß der Körper schließlich nicht mehr „repariert" wird und zerfällt und schließlich stirbt.

- - -

Es wäre also ein möglicher Ansatz, diese biologische Programmierung des Alterns durch Gentechnik aufzuheben. Es ist allerdings fraglich, ob das jemals möglich sein wird und ob dieser Eingriff in die DNS des Menschen nicht viele unerwünschte Nebenwirkungen haben könnte.

- - -

Ein zweiter Ansatz wäre das Klonen des Menschen, der Unsterblichkeit anstrebt. Dafür würde aus einer Zelle dieses Menschen ein neuer Mensch, der mit ihm genetisch identisch ist, gezüchtet.

Doch dieser Ansatz hat mehrere Nachteile:

- Das Bewußtsein des „Spender-Menschen" ist nicht identisch mit dem Bewußtsein des „Klon-Menschen". Es gäbe somit zwar zwei genetisch identische Menschen, aber es wären noch immer zwei verschiedene Menschen – so ähnlich wie eineige Zwillinge.

- Um auf diesem Weg zu einer Unsterblichkeit zu gelangen, müßte jedesmal, wenn der Betreffende älter wird, ein neuer Klon von ihm geschaffen werden. Bei diesem „Generationen-Klonen" kann leicht einmal etwas schiefgehen wie z.B. ein tödlicher Autounfall, sodaß der immer aufs Neue geklonte Mensch schließlich doch stirbt.

- Der geklonte Mensch hat ein anderes Horoskop als der ursprüngliche Mensch und hat somit auch einen ganz anderen Charakter und andere Fähigkeiten – trotz derselben Gene wie sein Spender.

- - -

Ein weiterer Ansatz wäre die Organtransplantation – in diesem Fall die Entnahme des Gehirns des „Spenders" in den Leib eines anderen Menschen, der an einem Hirnschaden gestorben ist.

Angenommen daß eine solche Gehirnverpflanzung tatsächlich irgendwann möglich sein könnte, ergeben sich bei diesem Verfahren jedoch mehrere Probleme:

- In den Berichten über die bisherigen Organtransplantationen wird des öfteren beschrieben, daß die Menschen nach der Transplantation fremde Charakteranteile in sich spüren, andere Verhaltensweisen entwickeln u.ä. Dies könnte aus dem Organ stammen, das vorher einem anderen Menschen gehört hat. Bei der Transplantation eines Gehirns in einen anderen Menschen könnte dieser Effekt recht vehement werden und Probleme verursachen. Es ist die Frage, wie sich ein solcher Mensch dann fühlen würde.

- Ein solcher Mensch hätte nach einer Gehirntransplantation ein Gehirn mit dem einen Horoskop und den Leib mit einem anderen Horoskop. Wie verträgt sich das miteinander?

- Diese Gehirntransplantation zur Erlangung der Unsterblichkeit ist ein wackeliges Konstrukt, da es noch immer Unfälle im Leben oder fehlgeschlagene Transplantationen gibt. Realistischerweise wird dieses Verfahren wohl nur ein einziges mal funktionieren.

- Wo liegt die Identität eines Menschen – in seinem Gehirn? Dies ist keinesfalls geklärt – und könnte bei Gehirntransplantationen gravierende Probleme verursachen.

- Und wenn man von der Existenz einer Seele ausgeht: Hat der Mensch, in dessen Leib ein fremdes Gehirn verpflanzt worden ist, anschließend zwei Seelen in einem Leib? Ist die Seele an das Gehirn gebunden, an den Körper allgemein, oder an den weiterlebenden Teil des Körpers?

- Was werden Menschen alles tun, wenn es die Möglichkeit der Gehirntransplantation gibt und sie dadurch ihren eigenen Tod vermeiden können? Es lassen sich die gruseligsten Szenarien entwerfen bis hin zu einer Oberschicht, die sich Menschen hält, in die sie ihre Gehirne verpflanzen, wenn sie selber älter geworden sind.

- Die ethischen Probleme bei diesem Verfahren sind zudem unüberschaubar – aber das hat die Experimente der Menschen bisher in der Regel nicht aufhalten können …

- - -

Ein recht optimistischer, aber auch ziemlich schwammiger Ansatz ist es, die eigenen Gene oder die eigene Leiche einfrieren zu lassen, bis die Menschen eine Technik entwickelt haben, um aus diesen eingefrorenen Genen oder Leichen wieder einen jungen, lebendigen Menschen zu machen.

- - -

Eine noch mehr technische und weniger biologische Methode ist der Cyborg, d.h. das Ersetzen von Körperteilen durch technische Geräte – was in Sciencefiction-Romanen und -Filmen schon seit geraumer Zeit ein gängiges Motiv ist. Hier ist der Unsterblichkeits-Ansatz letztlich, daß das Gehirn in einem Roboter weiterlebt, wenn der Körper gestorben ist. Von der Umsetzung dieses Ansatzes ist die Technik derzeit noch ziemlich weit entfernt.

- - -

Das sogenannte „Mind-Uploading" ist die extremste Form der technischen Lösung des Sterblichkeits-Problems. Das Prinzip ist einfach: Alle Informationen und Verarbeitungs-Abläufe des Gehirns werden in einen Computer übertragen, der dann (zumindestens in der Theorie) denselben Charakter und dasselbe Bewußtsein hat wie der Mensch, dessen Gehirn-Struktur und dessen Gehirn-Inhalte auf einen PC hochgeladen worden sind.

Auch dieses Verfahren ist ein beliebtes Sciencefiction-Motiv, aber derzeit noch sehr weit außerhalb der menschlichen Möglichkeiten.

Zudem bleibt die Frage, ob ein Computer ein Bewußtsein hat. Wenn es zutrifft, daß die Materie die Außenseite der Welt ist und das Bewußtsein die dazugehörige Innenseite der Welt, wäre es durchaus denkbar, daß ein Computer ein Bewußtsein hat. Es ist allerdings sehr fraglich, ob ein solcher Computer, der einem menschlichen Gehirn nachgebaut worden ist und auf den man alle Gehirn-Daten ineses konkreten Menschen hochgeladen hat, dasselbe subjektive Bewußtsein wie der betreffende Mensch hat.

Der Computer, auf den diese Gehirndaten hochgeladen worden sind, kann auch nicht dasselbe Horoskop haben wie der betreffende Mensch, da dieser Computer ja erst später im Leben dieses Menschen mit dessen Gehirn-Daten gefüllt und aktiviert worden ist. Es sind also zumindestens dieselben Identitätskrisen zu erwarten, die gelegentlich auch bei Organverpflanzungen auftreten.

- - -

Wenn manche Menschen im Streß sind, stürzen alle Computer in ihrer näheren Umgebung ab – manchmal wissen diese Menschen sogar, daß es z.B. genau 6,5m Abstand sind, innerhalb derer die PCs abstürzen.

Das ist natürlich eine ziemlich grobe und undifferenzierte Verbindung zwischen Mensch und Computer, aber vielleicht findet sich ja eines Tages eine Möglichkeit für einen präziseren Austausch zwischen Mensch und Computer, bei dem z.B. Hirnstrom-Messungen (EEG) und Telepathie oder gar Astralreisen kombiniert werden. Aber das ist derzeit natürlich nichts anderes als nur eine sehr vage Hypothese.

- - -

Schließlich könnte man auch noch unsterbliche Maschinen herstellen, die von Computern gesteuert werden. Solch ein Roboter, der sich ständig selber repariert, könnte durchaus eine potentielle Unsterblichkeit haben, was jedoch für das Streben nach der menschlichen Unsterblichkeit zunächst einmal nur einen sehr geringen Nutzen hätte, solange sich nicht auch das menschliche Gehirn bzw. die Daten des menschlichen Gehirns in einen solchen Roboter übertragen lassen.

Eine weitere offene Frage ist das Chakrensystem, das sozusagen das Organ-System des Lebenskraftkörpers ist und in dem sich die Psyche des Menschen und somit auch sein Charakter befindet. Läßt sich das auf eine Maschine übertragen und kann ein Roboter eigentlich ein Chakrensystem haben?

Es gibt zwar schon Herz/Lungen-Maschinen, künstliche Nieren und Herzschritt-macher, aber die Frage, was mit dem Bewußtsein und dem Charakter eines Menschen geschieht, wenn der Leib dieses Menschen in einem größeren Maße aus technischen Elementen besteht, ist derzeit noch unüberschaubar.

- - -

Schließlich gibt es noch das Phänomen, daß die Leichen einiger Menschen nicht verwesen. Damit ist nicht gemeint, daß diese Toten im ewigen Eis oder in einer knochentrockenen Wüste liegen, sondern daß sie sich an Orten befinden, an denen Leichen unter normalen Umständen sofort verwesen würden.

Dieses Phänomen wird meines Wissens nur von Yogis, Lamas, Heiligen und anderen Menschen berichtet, die in religiöser bzw. magischer Hinsicht sehr weit fortgeschritten sind.

Dieses Phänomen ist zwar keine Unsterblichkeit, aber es ist der Unsterblichkeit immerhin so ähnlich, daß es sich lohnen könnte, es näher zu betrachten – doch das gehört schon zu dem Thema des nächsten Kapitels.

- - -

Insgesamt gesehen gibt es viele technische Ansätze zum Erlangen der Unsterblichkeit, aber bislang ist keiner von ihnen auch nur ansatzweise ausgereift – und es bleiben viele Fragen noch völlig offen wie das unterschiedliche Horoskop des Menschen und der technischen Elemente bzw. der transplantierten Organe, das Chakrensystem oder das subjektive Bewußtsein eines „Roboter-Menschen", also eines Cyborgs.

V   Die Kontinuität des Bewußtseins

Es gibt noch eine zweite mögliche Auffassung von „Unsterblichkeit", die sich an dem „ununterbrochenen Bewußtsein" orientiert.

Das Tages-Bewußtsein, also das Wachbewußtsein, wird jede Nacht vom Schlaf unterbrochen, aber kann dank seiner Erinnerungsfähigkeit jeden Morgen an den vorigen Tag anknüpfen. Obwohl das Wachbewußtsein regelmäßig unterbrochen wird, wird es dennoch als Kontinuum erlebt: Es wird nicht jeder Tag einzeln und ohne Bezug zu den anderen Tagen erlebt, sondern die vielen Tage eines Lebens werden wie Perlen an einer Schnur erlebt – und die Schnur ist das Wachbewußtsein mit seiner Erinnerungsfähigkeit.

Wenn man sich an frühere Leben erinnern könnte, gäbe es ebenfalls eine Kontinuität des Bewußtseins, wobei die „Kette" diesmal aus „Perlen" bestehen würde, die größere Einheiten sind, nämlich jeweils ein ganzes Leben. Der Faden, auf dem diese „Lebens-Perlen" aufgefädelt sind, wäre dann die sich reinkarnierende Seele.

Somit wäre die „Reinkarnations-Erinnerung" eine Möglichkeit zur Erlangung einer Form der Unsterblichkeit. Zum Glück ist dies keine rein theoretische Möglichkeit, sondern eine ganz konkret vorhandene und auch von vielen Menschen erfolgreich umgesetzte Möglichkeit.

- - -

In Tibet gibt es ca. 1000 Lamas (Mönche), die zu Tulkus geworden sind. Ein Tulku zeichnet sich zum einen dadurch aus, daß er sich an mindestens ein, in der Regel jedoch mehrere frühere Inkarnationen erinnern kann, und zum anderen dadurch, daß er sein nächstes Leben vorhersagen kann.

Die Tulkus geben in der Regel den zukünftigen Geburtszeitpunkt, den Geburtsort und die Lebensumstände der zukünftigen Eltern sowie noch einige weitere Einzelheiten an. Die Lamas, die von dieser Reinkarnations-Vorhersage wissen, prüfen dann zu betreffenden Zeit an dem vorausgesagten Ort, ob dort ein Kind geboren worden ist, das den Vorhersagen entspricht. Wenn das Kind dann einige Jahre alt ist, wird unauffällig geprüft, ob das Kind Gegenstände, die ihm in seiner früheren Inkarnation gehört haben, wiedererkennt – das sind in der Regel unauffällige Dinge wie z.B. seine Reisschale. Wenn es diese Gegenstände erkennt, wird geprüft, ob das Kind auf religiöse Fragen, mit denen es sich in seiner vorigen Inkarnation beschäftigt hat, antworten kann. Schließlich wird das Kind mit ins Kloster genommen und dort ausgebildet. Wenn es sehr schnell lernt und dieses Lernen eher ein Erinnern als ein Lernen ist, wird das Kind als die Reinkarnation des verstorbenen Lamas, d.h. als Tulku anerkannt.

Durch diese Tulkus kommt es dazu, daß in den tibetischen Klöstern der Abt des öfteren ein Kind ist – eben ein wiedergeborener Tulku, der sich das Wissen und die Fähigkeiten aus seinem vorhergehenden Leben bewahrt hat.

Die Tulkus sind offensichtlich „Reinkarnations-Spezialisten“, deren Bewußtseins-Kontinuität ein hohes Maß erreicht hat. Es gibt jedoch immer wieder Menschen, die sich an ein früheres Leben erinnern können, ohne daß sie diese Fähigkeit systematisch geübt und ausgebaut haben.

Die Tulkus sind auch des öfteren diejenigen Lamas, die nicht mehr zu schlafen brauchen: Die Bewußtwerdung des „roten Fadens“ der Seele, auf dem die Perlen der Inkarnationen aufgefädelt sind, fördert auch die Bewußtwerdung des „roten Fadens“ des Wachbewußtseins, an dem die Perlen der einzelnen Tage aufgefädelt sind.

Der bekannteste Tulku ist der Dalai Lama, der die 14. Reinkarnation des 1391 geborenen Lamas Gendün Drub ist – er kann sich also an dreizehn frühere Inkarnationen erinnern.[1]

- - -

Der „rote Faden“, der die verschiedenen Inkarnationen in einer kontinuierlichen Erinnerung miteinander verknüpft, ist die Seele, die sich immer wieder inkarniert. Nun ist es nicht so einfach, die Seele kennenzulernen und zu erfassen, was sie ist und welche Eigenschaften sie hat. Der Einfachheit halber kann man sie in diesem Zusammenhang als „das, was sich reinkarniert“ definieren.

In diesem Zusammenhang stellt sich die Frage, welche Form von Bewußtsein die Seele eigentlich hat.

Es gibt zunächst einmal vier Arten von Bewußtsein:

- Das Wachbewußtsein ist das Bewußtsein, daß gerade diese Zeilen liest. Seine Aufgabe ist es, in jedem Augenblick sinnvolle Entscheidungen zu treffen – daher enthält es nur die Informationen, die in dem betreffenden Augenblick notwendig sind.

Dieses Bewußtsein ist wie ein Büroschreibtisch, auf dem das liegt, was gerade bearbeitet werden muß.

Auf dieser Ebene kann man mit anderen Menschen in bewußten Austausch treten, mit ihnen reden, arbeiten, gemeinsam Freude haben, Absprachen treffen usw.

Manchmal kommen sozusagen andere Menschen inn dieses Büro und bringen Informationen, haben Bitten, schlagen etwas vor usw.

---

1 Siehe bei Bedarf zu diesem Thema auch mein Buch „Reinkarnation“. Dort werden die Möglichkeiten, die Reinkarnation nachzuweisen oder zumindestens plausibel zu machen, ausführlich dargestellt.

- Das Unterbewußtsein ist das Archiv, in dem sich alle Erinnerungen und Wahrnehmungen befinden. Diesen Bereich kann man von seinem Wachbewußtsein aus wahrnehmen, wenn man sich an etwas erinnert, wenn man träumt, wenn man eine Traumreise macht usw. In dieses Archiv werden in der Nacht alle Dinge, die man am Tag erlebt, einsortiert – was man dann als Träumen erlebt. Diese „Aufgeräumtsein" wird dann als die morgendliche Frische erlebt. Am Tag spielt das Wachbewußtsein auf dem eigenen Instrument viele Melodien und in der Nacht stimmt das Unterbewußtsein das durch das Spielen verstimmte Instrument, sodaß es am Morgen wieder einen guten Klang hat.

Man kann das Unterbewußtsein als das Archiv ansehen, das an das Büro des Wachbewußtseins angeschlossen ist. Das Archiv sendet von sich aus alle Informationen, die gerade wichtig sind, an das Wachbewußtsein, aber das Wachbewußtsein kann auch bestimmte Informationen aus dem Archiv anfordern (Erinnerung).

Die Unterbewußtseine der Menschen sind telepathisch miteinander verbunden, wodurch sich das kollektive Unterbewußtsein ergibt.

Diese telepathischen Verbindungen zwischen den Unterbewußtseinen der Menschen lassen „sinnvolle Zufälle" entstehen, ziehen Gleichgesinnte zueinander, manchmal jedoch auch Gegenpole. Dies ist auch eine der wichtigeren Grundlagen der Magie.

- Der Ekstase-Zustand tritt ein, wenn eine einzelne Sache existentiell wichtig wird, d.h. bei großer Angst, großem Ekel, großer Lust u.ä. Dann wird die gesamte Aufmerksamkeit auf einen einzigen Bewußtseinsinhalt ausgerichtet.

Man kann die Ekstase als die Schreibtischlampe auf dem Schreibtisch in dem Büro des Wachbewußtseins auffassen.

Menschen können auch in der Ekstase miteinander verbunden sein – z.B. im Kampf, im Tanz oder beim Sex.

- Schließlich gibt es noch das Tiefschlaf-Bewußtsein, das sozusagen die Leinwand ist, auf die die ganzen Bilder gemalt werden, die sich in dem Bewußtsein befinden.

Diese Stille kann auch in der Meditation erreicht werden. Dies kann ein stiller, „leuchtender" Zustand sein, der sich selber stabilisiert. Dieser Zustand ist keineswegs langweilig, sondern ausgesprochen erfüllend – obwohl er „leer" ist.

Dieses Tiefschlaf-Bewußtsein ist sozusagen das Haus, in dem sich das Archiv und das Büro befinden und in dem ab und zu das „Ekstase-Licht" auf dem Schreibtisch angeschaltet wird. Dieses Bewußtsein ist das Tor zur eigenen Seele.[2]

Wenn man den Tulku-Ansatz verfolgen und dadurch unsterblich werden will, daß man sein Bewußtsein auf seine früheren Inkarnationen und zumindestens auch noch die nächste Inkarnation ausdehnen will, ist es sinnvoll, sich intensiver mit der eigenen Seele zu beschäftigen.

- - -

Es gibt in diesem Zusammenhang noch einen interessanten Punkt: Jede Inkarnation hat ihr eigenes Horoskop, das sich von den Horoskopen aller anderer Inkarnationen unterscheidet. Das bedeutet, daß die verschiedenen Leben genauso unterschiedlich sind, wie die Tage eines Lebens alle unterschiedlich sind.

Die Lebens-Perlen auf dem Faden der Seele sind also genauso verschieden wie die Tages-Perlen auf dem Faden des Wachbewußtseins. Beide Perlenketten haben aber trotzdem eine Kontinuität, sind eine fortlaufende Entwicklung.

Schließlich ergibt sich aus dieser Betrachtung auch noch, daß sich nicht nur das Wachbewußtsein an jedem Tag ein wenig weiterentwickelt, sondern daß sich auch die Seele in jedem Leben ein wenig weiterentwickelt.

Weiterhin ergibt sich daraus die Feststellung, daß zwar jede Inkarnation ein Horoskop und den damit verbundenen Charakter hat, aber daß die Seele selber kein solches Horoskop hat – zumindestens nicht ein solches wie es ein Mensch hat.

- - -

Es gibt in Tibet eine Meditation bzw. eine Form der Magie, die „Phowa" genannt wird. Dabei überträgt ein sterbender Mensch (in der Regel ein weit fortgeschrittener Lama oder ein Tulku) sein Bewußtsein auf die Leiche eines gerade gestorbenen jungen Menschen, belebt diesen mit seiner eigenen Lebenskraft wieder und lebt dann in diesem jungen Körper weiter. Das ist natürlich weit fortgeschrittene Magie.

Dieses Prinzip des Phowa ist vor einigen Jahren durch den Film „Avatar" der Allgemeinheit bekannt geworden, da dort das Bewußtsein des Jake Sully in den künstlich erschaffenen Körper eines Na'vi übertragen wird.

Um einer tatsächlichen Weiterexistenz nach dem Tod des eigenen ursprünglichen Körpers näher zu kommen, müßte man aus einer Zelle des eigenen Körpers einen Klon erschaffen und dann mittels der Phowa-Technik das eigene Bewußtsein aus dem eigenen alten und sterbenden Körper in den jungen Klon-Körper übertragen.

Hier stellt sich allerdings die Frage, ob sich in in dem Klon-Körper bei dessen

---

2 Siehe zu dem Thema „Seele" auch mein Buch „Herz-Meditationen für Anfänger".

Erschaffung nicht auch eine Seele eingefügt hat und sich nun zwei Seelen in dem Klon-Körper befinden … und der Klon-Körper hat auch ein anderes Horoskop als der alte Körper, was vermutlich zu allerlei Dissonanzen führen wird …

- - -

Schließlich bleibt noch die Frage, welche Form von Magie (falls das das richtige Wort dafür ist) bewirkt, das die Leichen mancher Yogis und Lamas nicht verwesen.

Da dies nicht bekannt ist und meines Wissens auch noch nicht erforscht worden ist, läßt sich daraus auch noch keine Informationen für das Thema „Unsterblichkeit" ziehen – auch wenn es wahrscheinlich einen Zusammenhang geben wird.

VI Das übergeordnete Bewußtsein

Wenn es nicht möglich ist, physisch in seinem derzeitigen Körper unsterblich zu werden, stellt sich die Frage, was das ist, was unsterblich sein oder unsterblich werden könnte. Das ist offenbar eine Frage des Bewußtseins.

Bei einem Menschen ist das, was schon vor dem eigenen Leben bestand und was den eigenen Tod überdauert und sich evtl. erneut inkarniert, die Seele. Die Seele besteht bereits – man braucht die Unsterblichkeit der Seele also nicht erst zu erschaffen. Da sich das normale Wachbewußtsein der eigenen Seele jedoch in der Regel nicht bewußt ist, geht es bei dieser Form des Strebens nach Unsterblichkeit offenbar um eine Ausweitung des eigenen Bewußtseins – genau genommen des Wachbewußtseins.

Wenn man das Erlangen der Bewußtheit über die eigene Seele als Unsterblichkeit erleben will, gibt es einen notwendigen Schritt: Das Wachbewußtsein, das man im Augenblick besitzt und mit dem man sich in der Regel identifiziert, ist durch die eigenen Gene, das eigene Horoskop und durch die eigenen Lebensumstände geprägt – aber es endet in dieser Form mit dem Tod der derzeitigen Inkarnation. Die Bewußtheit über die eigene Seele ist also nur dann ein Schritt hin zur Unsterblichkeit, wenn man seine eigene Identität nicht mehr in seinem Wachbewußtsein, sondern in seiner eigenen Seele erlebt.

- - -

Die eigene Seele kann durch Meditationen, Traumreisen, Rückführungen und ähnliche Methoden, aber auch spontan z.B. in Notsituationen erlebt werden. Wenn man den hier beschriebenen Ansatz verfolgen will, sind diese Methoden folglich von grundlegender Bedeutung.[3]

Das Erlebnis einer Astralreise ist ebenfalls sehr hilfreich, da man dadurch erlebt, daß es etwas gibt, was über die Materie hinausgeht – eben einen Astralkörper. Zunächst einmal ist es für das Thema dieses Buches nicht wichtig, genauer zwischen Seele und Astralkörper zu unterscheiden – es genügt zu erleben, daß es mehr als nur den eigenen Körper gibt.

- - -

Da es hilfreich wäre, eine möglichst genaue Vorstellung von der Seele zu erlangen, kann man auch in anderen Bereichen schauen, ob es dort Dinge gibt, die einer Seele gleichen. Einer dieser Bereiche ist die Homöopathie.

---

3   Siehe bei Bedarf zu dem Thema „Seele" auch mein Buch „Selbsterkenntnis für Anfänger".

Die Grundlage für die folgenden Betrachtungen ist natürlich, daß man bereits erlebt hat, daß die Homöopathie wirksam ist – sonst fehlt diesen Überlegungen das Fundament.

Der für das Thema dieses Buches interessante Punkt ist, daß die homöopathischen Mittel nicht entsprechend ihrer Inhaltsstoffe, sondern entsprechend ihrer Geschichte wirken. Das anschaulichste Beispiel ist der Bärlapp, also das homöopathische Mittel „Lycopodium".

Dieses Mittel wird Menschen gegeben, die glauben, schon im „Filmabspann" ihres Lebens angekommen zu sein – es wird nichts mehr passieren. Typisch ist z.B. der einsame alternde Notar, der die Form und die Gerechtigkeit aufrechterhält, aber der unter einer ständigen „stillen Depression" leidet.

Das Lycopodium ist heute eine kleine Pflanze am Waldrand, aber während des Kohle-Zeitalters („Carbon") vor 300 Millionen Jahren bestanden die damaligen Wälder zum größten Teil aus Bärlapp-Gewächsen. Aus den vermoderten Stämmen dieser Bärlapp-Gewächse ist die Steinkohle, die Braunkohle, das Erdöl und das Erdgas entstanden. Das heutige kleine Bärlapp-Kraut lebt also auf den Massengräbern seiner ruhmreichen Vorfahren.

Die Wirkung des homöopathischen Mittels „Lycopodium" beruht folglich auf der Geschichte des Bärlapps – was wiederum bedeutet, daß der Bärlapp ein Gedächtnis hat, das 300 Millionen Jahre zurückreicht. Dieses Gedächtnis hat keine materielle Grundlage, weshalb es sich in dem Bewußtsein dieser Pflanze befinden muß – man könnte auch sagen, daß es sich in dem Astralkörper dieser Pflanze befindet.

Für diesen Astralkörper einer Pflanze gibt es noch einen zweiten Hinweis. Es gibt einige Menschen, die einen „grünen Daumen" haben, d.h. die auf eine solche Weise mit Pflanzen reden, ihnen schmeicheln, ihnen drohen können usw., daß diese Pflanzen deutlich besser als bei anderen Menschen gedeihen. Man kann auch Versuche mit zwei gleichen Pflanzen anstellen, bei der man die eine lobt und die andere bedroht – die Wirkung ist deutlich. Da die Pflanze keine Ohren hat und auch nicht die menschliche Sprache sprechen kann, nimmt die Pflanze das, was der betreffende Mensch sagt, offenbar telepathisch wahr.

Wenn nun eine Pflanze bzw. eine Pflanzenart sowohl eine Wahrnehmungsfähigkeit (grüner Daumen) als auch ein Gedächtnis hat (Lycopodium), hat sie auch ein Bewußtsein – denn worin sollten sich die Wahrnehmung und das Gedächtnis befinden, wenn nicht im Bewußtsein? Zudem ergibt sich aus der Kombination von Wahrnehmung und Gedächtnis auch eine Bewußtheit über die eigene Situation.

Das Lycopodium und somit sehr wahrscheinlich auch alle anderen Pflanzen besitzen daher ein Bewußtsein, das sich vermutlich wie beim Menschen auch als Astralkörper von der physischen Pflanze loslösen kann. Dieses Bewußtsein bzw. dieser Astralkörper ist offenbar die Seele der Pflanze – man könnte sie auch den „Pflanzen-Elf" nennen.

Dieses nicht-materielle Gedächtnis der Pflanzen, Steine und Tiere bestehtoffenbar aus telepathischen Erinnerungen und Verbindungen.

Ähnliche Überlegungen kann man auch zu homöopathischen Mitteln anstellen, die aus anderen Pflanzen oder aus Mineralien hergestellt werden.

Bei den Tieren, aus denen ebenfalls homöopathische Mittel hergestellt werden, liegt die Sache etwas anders, da die Tiere ein komplexes Verhalten haben, das sich auch in der Wirkungsweise der homöopathischen Globuli („Kügelchen") wiederfindet. Die Seelen einiger Tierarten sind aus der Mythologie als „Große Weiße Wölfin", „Weiße Büffelfrau", „Weißer Elefant" u.ä. bekannt.

- - -

Die Seele eines Menschen ist der rote Faden, der mehrere Inkarnationen miteinander verbindet. Die homöopathische Wirkung des Lycopodiums zeigt, daß der Bärlapp ein Gedächtnis hat, daß sich über Jahrmillionen, d.h. über viele einzelne Bärlapp-Pflanzen erstreckt. Auch hier ist die Pflanzenseele also der rote Faden, auf den die Inkarnationen der Pflanze aufgereiht sind.

Bei einer Pflanze neigt man offenbar dazu, nicht von der Reinkarnation einer konkreten einzelnen Pflanze zu sprechen, sondern von einer „Gruppenseele", aus der heraus sich die einzelnen konkreten Pflanzen inkarnieren. Diese Gruppenseele entspricht bei Menschen offenbar dem kollektiven Unterbewußtsein.

Die persönliche Seele, die sich reinkarniert, ist also ein einzelner roter Faden in dem großen Geflecht aus vielen roten Fäden, die das kollektive Unterbewußtsein bilden.

Daraus ergibt sich wiederum, daß die sich reinkarnierenden Seelen miteinander in Verbindung stehen. Wenn es die Seelen tatsächlich gibt, ist es ausgesprochen unwahrscheinlich, daß sie nicht aufeinander wirken, denn was sollte sie voneinander isolieren?

Die wesentlichen Bilder, Eigenschaften und Dynamiken in dem kollektiven Unterbewußtsein der Menschen erscheinen schließlich als die Götter und Göttinnen in der Mythologie, die auch in den Träumen, Meditationen und Ritualen der Menschen erscheinen können.

- - -

Schließlich gibt es noch ein zwei Dinge, das zu dem Verständnis des „über-geordneten Bewußtseins", also der Seele bzw. der Gruppenseele beitragen kann.

Das eine von ihnen ist das Vorhersehen der Zukunft – entweder im Traum, auf einer Traumreise oder spontan im normalen Wachzustand. Das kollektive Unterbewußtsein erstreckt sich offenbar nicht nur weit in die Vergangenheit hinein, sondern auch in die Zukunft.

Das andere von ihnen ist die Astrologie. Ein Horoskop beschreibt den Charakter eines Menschen. Da bereits der Ungeborene einen deutlichen Charakter hat und nicht erst bei der Geburt „durch das Horoskop geprägt" wird, gibt es anscheinend so etwas wie einen übergeordneten Plan, durch den der Lauf der Planeten und der Charakter und das Verhalten der Menschen übereinstimmen. Man kann auch schon heute sagen, welchen Charakter ein Mensch haben wird, der in 300 Jahren an einem bestimmten Tag, zu einer bestimmten Uhrzeit und an einem bestimmten Ort geboren werden wird.

Wenn man sowohl Wahrträume o.ä. erlebt hat als auch die Astrologie erforscht hat, zeigt sich, daß die Zeit offenbar nicht nur im Augenblick existiert und auch nicht nur als „lebendige Zeit" im Augenblick und als „tote Zeit" in der Vergangenheit – die Zeit ist offenbar etwas, was gleichzeitig in der Vergangenheit, in der Gegenwart und in der Zukunft real ist. Die Gegenwart ist sozusagen ein kleiner Ausschnitt aus der Zeit – ein bestimmter Augenblicks-Zustand des Raumes und der Materie in ihr.

Da die Frage nach der Unsterblichkeit ja auch eine Frage nach der Zeit ist, ist die reale Existenz der Zeit über die Gegenwart hinaus und ebenso das Gedächtnis der Pflanzen ein deutlicher Hinweis darauf, daß es auch eine menschliche Seele mit einem nicht-materiellen, d.h. telepathischen Gedächtnis gibt.

Das Erforschen der konkreten Möglichkeiten, Unsterblichkeit zu erlangen, führt somit zu grundlegenden Fragen über das Wesen der Welt, in der wir leben – schließlich sind wir selber ein Teil dieser Welt.

VII Geburt und Tod

Um bei dem Thema „Unsterblichkeit" noch ein Stückchen weiter zu kommen, könnte es hilfreich sein, sich die Geburt und den Tod genauer anzusehen – schließlich sind dies die beiden Grenzpunkte des Lebens. Das, was an diesen beiden Punkten geschieht, könnte Aufschlüsse darüber geben, wie die Unsterblichkeit (in welcher Form auch immer) erreichbar sein könnte.

- - -

Es gibt eine ganze Reihe von Sammlungen von Berichten über Erinnerungen an die Zeit vor der Geburt. Erfreulicherweise sind sie ziemlich einheitlich und stimmen zudem mit meinen eigenen Erfahrungen überein.
Es lassen sich fünf Schritte unterscheiden:

1. a) eine Versammlung von Seelen, zu der die eigene Seele gehört – eine „Seelen-Gemeinschaft"

1. b) eine Art Archiv, in dem man sich seine früheren Inkarnationen anschauen kann; Punkt 1a und 1b sind eng miteinander verknüpft

2. a) der Entschluß zu der bevorstehenden Reinkarnation

2. b) eine Art Zusammenstellung der Ereignisse in der bevorstehende Reinkarnation, die als Karma-Verarbeitung erlebt werden kann; Punkt 2a und 2b sind eng miteinander verbunden

3. a) das Warten auf die Zeugung des Embryos der bevorstehenden Reinkarnation in einer Art „Arena"

3. b) die Wahrnehmung der zukünftigen Eltern; Punkt 3a und 3b sind eng miteinander verbunden

4. ein leuchtender Lebenskraft-Strudel oder -Wirbel der durch die Vereinigung der Eltern entsteht und der die Seele in den befruchteten Embryo zieht

5. das Chakrensystem und der physische Leib bilden sich; nacheinander entstehen aus dem Tiefschlaf-Bewußtsein, das von Anfang an da ist, das Traumbewußtsein (ab 3. Monat), das Wachbewußtsein (ab 9. Monat) und die Ekstase (ab der Geburt)

Die Gefühle in diesen fünf Phasen kann man auf Traumreisen finden oder in der direkten Erinnerung erleben.

Die Gefühle in diesen fünf Phasen sind:

1. Gelassenheit, Betrachtung, eine Art „inneres Leuchten"

2. innere Arbeit, Verwandlungen, eine Art „inneres Fieber"

3. Wehmut, nur geringe Vorfreude, eine Art „innere Entschlossenheit"

4. es geht los …

5. Entwicklung

- - -

Dieselben Betrachtungen gibt es auch zu den Vorgängen nach dem Tod. Diese finden sich zum einen in den verschiedenen Totenbüchern und zum anderen in den Sammlungen von Berichten über Nahtod-Erlebnisse und Erinnerungen an die Todeserfahrungen in früheren Leben.

Auch hier sind die Berichte erfreulich einheitlich, was vermuten läßt, daß sie weitgehend zutreffend sind.

1. man spürt den nahenden Tod und wird stiller und zieht sich nach innen zurück

2. man erlebt einen Wirbel, in dem man den Leib verläßt (Astralreise)

3. a) man schwebt im Raum und sieht die Menschen, die um den eigenen toten Leib herum stehen; manchmal überquert man einen (Jenseits-)Fluß und wird auf der anderen Seite von bereits verstorbenen Verwandten erwartet

3. b) man spürt den Drang oder die Notwendigkeit, weiterzugehen und nicht hier zu verharren (wenn dieser Schritt mißlingt, wird die Seele zu einem Geist, der an dem betreffenden Ort spukt); Punkt 3a und 3b sind eng miteinander verbunden

4. a) man erlebt das eigene Leben rückwärts – hauptsächlich die wesentlichen Ereignisse

4. b) man wird mit dem konfrontiert, wie man gelebt hat; Punkt 4a und 4b sind eng miteinander verbunden

5. a) man gelangt zu einer Seelengemeinschaft

5. b) man verbindet das gerade beendete Leben mit den früheren Inkarnationen; Punkt 5a und 5b sind eng miteinander verbunden

Die Gefühle in diesen fünf Phasen sind:

1. Auflösung

2. es geht zuende

3. loslassen, nur geringe Vorfreude, Entschlossenheit

4. akzeptieren, wie man gelebt hat, was gelungen und was mißlungen ist

5. Gelassenheit, Betrachtung, inneres Leuchten

- - -

Wenn man diese beiden Vorgänge miteinander vergleicht, sieht man, da sie beide aus denselben Phasen bestehen – offenbar geht die Seele vor der Geburt und nach dem Tod denselben Weg zwischen „Diesseits" und „Jenseits", nur eben in entgegengesetzter Richtung.

Der Jenseitsweg		
die Phasen	*vor der Geburt*	*nach dem Tod*
Gemeinschaft der Seelen		
Umwandlung		
Warten – auf die Inkarnation oder den Abschied		
Strudel/Wirbel/Übergang		
sich auf die veränderte Situation einstellen		

Die Gemeinschaft der Seelen bzw. die Gemeinschaft der eigenen früheren Inkarnationen ist offenbar der rote Faden der eigenen Inkarnationen und somit auch die Grundlage der eigenen Unsterblichkeit – zumindestens im Sinne eines Bewußtseins und eines Gedächtnisses, das sich über mehrere Inkarnationen erstreckt.

VIII Bewußtsein und Materie

Man kann noch einen anderen Aspekt des Strebens nach der Unsterblichkeit betrachten: das Verhältnis zwischen Bewußtsein und Materie.

Das ist natürlich ein Thema, dessen ausführliche Betrachtung den Rahmen dieses Buches sprengen würde.

Das sinnvollste Modell zu diesem Thema besteht meines Erachtens aus den folgenden drei Punkten:

- Materie ist die Außenseite derselben Welt, deren Innenseite das Bewußtsein ist. Alle Wesen und Dinge haben eine solche Materie-Außenseite und eine solche Bewußtseins-Innenseite.

- Der Übergang zwischen diesen beiden Aspekten der Welt ist das, was man meistens „Lebenskraft" nennt. Dies ist der Bereich der Telepathie, der Telekinese, der Magie, der Astrologie, der Homöopathie und anderer magischer Systeme und Analogie-Ordnungen.

- Die Materie hat den Drang zur Vereinzelung – das Bewußtsein hat den Drang zur Vereinigung.

Wenn dieses Modell so zutrifft, ist es die Bewußtseinserweiterung, die die Tür zu einem Bewußtsein ist, daß sich über mehrere Inkarnationen erstreckt. Es ist zudem denkbar, daß das Bewußtsein noch über die Reinkarnations-Erinnerung hinaus auf noch größere Zusammenhänge hin ausgeweitet werden kann.

Die nächste Frage bei der Erkundung des Themas „Unsterblichkeit" ist somit die Frage nach der Ausweitung des Bereiches, den das Wachbewußtsein wahrnehmen kann – in den Bereich des Unterbewußtseins (Schlaf, Träume, Traumreisen), in den Bereich des Tiefschlaf-Bewußtseins (Seele, Stille-Meditation des Zen), in den Bereich vor der Zeugung (Seele), in den Bereich nach dem Tod (Seele) und evtl. auch noch in noch umfassendere Bereiche (Gottheiten, Gott).

IX Das Ausweiten des Bewußtseins

Mit der Frage, wie eine Ausweitung des Wachbewußteins möglich ist, gelangt diese Betrachtung der Unsterblichkeit nun zu konkreten Vorgehensweisen bei diesem Streben nach der Überwindung des Todes.

Diese Methoden werden hier nur kurz beschrieben, da ich sie bereits in anderen Büchern ausführlich dargestellt habe.

Die Dynamik, die die Ausweitung des Bewußtseins hat, ist die Folge „Wachbewußtsein – Unterbewußtsein – Tiefschlaf". Durch Traumreisen wird das Wachbewußtsein auf das Unterbewußtsein ausgeweitet; durch die innere Stille (Zen) wird es auf das Tiefschlaf-Bewußtsein ausgeweitet. Weiterhin kann das Wachbewußtsein durch die Konzentration auf eine einzige Sache zur Ekstase gebündelt werden.

Jenseits dieser vier „individuellen Bewußtseinsarten" gibt es noch den Bereich der Gottheiten und schließlich die Einheit („Jahwe", „Gott", „Allah").

Diese Zustände des Bewußtseins, die durch die Verbindung des Wachbewußtseins mit einer anderen Form des Bewußtseins erreicht werden, gehören vor allem in den Bereich der Meditation.

Diese erweiterten Bewußtseinszustände sind[4]:

- Wachbewußtsein + Ekstase	= Einsgerichtetheit
- Wachbewußtsein + Traumbewußtsein	= Traumreise
- Wachbewußtsein + Tiefschlaf-Bewußtsein	= innere Stille (Zen)
- Wachbewußtsein + Gottheit	= Invokation
- Wachbewußtsein + Gott	= „Erleuchtung"

Die beiden grundlegenden Methoden, durch die das Bewußtsein ausgeweitet wird, sind die Telepathie und die Telekinese: nicht-materielle Wahrnehmungen und nicht-materielle Handlungen. Diese Vorgänge finden an dem Übergang zwischen Bewußtsein und Materie statt, d.h. in dem Bereich der Lebenskraft.[5]

---

4 Eine ausführliche Beschreibung dieser Zustände und der Methoden, durch die man sie erreichen kann, findet sich in meinem Buch „Meditation für Anfänger".
5 Siehe bei Bedarf meine Bücher „Telepathie für Anfänger" und „Telekinese für Anfänger".

Traumreisen sind eines der wichtigsten Hilfsmittel in der Magie. Mit ihrer Hilfe kann man Symbole erforschen, Gottheiten besuchen, verlorene Hausschlüssel finden, einen Freund herbeirufen (der kein Handy bei sich hat), eine Person mit Panikattacke beruhigen, die Ursache für eine Krankheit herausfinden und vieles andere mehr.

Wenn man Traumreisen im Alltag benutzt, wird das Ausweiten des Wachbewußtseins auf den Bereich der Lebenskraft nach und nach immer selbstverständlicher.

- - -

Auch in der Magie wird oft die eine oder andere Form der Bewußtseinserweiterung verwendet, die man manchmal auch etwas treffender als „Lebenskraftkörper-Erweiterung" bezeichnen könnte. Zu ihnen gehört der „Spiritus familiaris", der manchmal auch „Hausgeist" genannt wird.

Die Herstellung eines „Spiritus familiaris" ist die Methode in der Magie, die der Herstellung eines „Horcruxes", wie es in den „Harry Potter"-Büchern beschrieben wird, am nächsten kommt. Auch einige der Horcrux-Phänomene treten bei dem Spiritus familiaris auf. Allerdings hilft die Herstellung eines solchen Geistes nicht bei dem Erlangen der physischen Unsterblichkeit – sie macht lediglich das Erweitern des Bewußtseins und seine Dynamik auf recht anschauliche Weise deutlich.

Der Spiritus familiaris ist ein künstlich hergestellter Geist. Er ist sozusagen die „light"-Variante eines Golems. Die Inspiration dafür bzw. das Urbild dazu ist u.a. die Erschaffung des ersten Menschen aus Lehm.

Rein Magie-technisch gesehen ist ein Spiritus familiaris einem Talisman sehr ähnlich, auch wenn es einige Unterschiede gibt.

Um solch einen Geist herzustellen, geht man wie folgt vor:

>	- Man entscheidet, wofür man den Geist gebrauchen will: als Wächter, als Bote, als Krieger, als Rächer, als Liebesabenteuer-Beschaffer, als Schatzsucher usw.

>	- Dann wählt man eine passende Gestalt für den Geist aus: einen Hund als Wächter, einen Vogel als Bote, eine Amazone als Kriegerin, einen dämon als Rächer, Pan als Liebesabenteuer-Beschaffer, einen Hund als Schatzsucher usw.

>	- Als nächstes beschafft man sich gelben Lehm sowie Bienenwachs und erhitzt an Vollmond in einem Topf zwei Teile feuchten Lehm zusammen mit einem Teil Bienenwachs, bis der Wachs schmilzt. Dann wird beides gründlich verrührt. Schließlich wird aus der Lehm/Wachs-Masse die ausgewählte Figur

geformt.

- Aus Kamillenblüten wird ein Absud gekocht (dicker, starker Tee), zu dem am Schluß etwas „Aurum chloratum C200" (eine homöopathische Gold-Tinktur) sowie ein paar Tropfen des eigenen Blutes hinzugefügt werden.

- In die Unterseite der noch nicht ausgekühlten und daher noch weichen Figur wird mit einem Stab o.ä. ein röhrenförmiges Loch gebohrt. In dieses Loch wird die Kamille/Gold/Blut-Tinktur gegossen. Danach verschließt man dieses Loch mit einem Pfropfen aus der Lehm/Wachs-Mischung.

- Dann läßt man die Figur vollständig trocknen und auskühlen. Sie fühlt sich dann organisch wie Haut oder Knochen an und ist zugleich sehr hart und sehr elastisch.

- Als nächstes gibt man der Figur, d.h. dem Geist in ihr, einen Namen, der zu seiner geplanten Aufgabe paßt.

- Für die Weihung hält man die Figur in der linken Hand und hält die rechte Hand über sie und imaginiert, daß aus der rechten Hand nacheinander das Element Erde, Wasser, Luft, Feuer und Licht in die Figur fließen.

- Je nach dem Charakter der Figur kann man sie auch mit Sonnenlicht, Mondlicht, Wind u.ä. aufladen. Man kann auch einen der Planeten oder eine Gottheit bitten, den Geist in der Figur zu stärken. Hier sind der Phantasie keine Grenzen gesetzt. Auch Menstruationsblut und Samen sind schon erfolgreich für die Stärkung eines solchen Geistes benutzt worden.

- Nach einer Weile kann man dann spüren, daß die Figur „lebendig" zu werden beginnt: Sie scheint heiß zu werden oder zu pulsieren, wenn man sie in seiner Hand hält; möglicherweise erscheint sie auch in den eigenen Träumen oder auf Traumreisen oder man fühlt sich von ihr gerufen.

- Nun kann man ihr Aufgaben geben, indem man den Geist in der Figur mit dem Namen anspricht, den man ihm gegeben hat, und ihm sagt, was er tun soll.

Dieser Geist ist offensichtlich vollkommen künstlich hergestellt worden. Manchmal wird diese Art von Geist auch „Psychogon" genannt.
Das eben angeführte „Rezept" enthält Sonnen-Zutaten. Wenn man z.B. einen Geist

mit Mond-Eigenschaften herstellen will, kann man weißen Ton, Stearin, Mohnblumen und Argentum C200 verwenden. Entsprechend kann man die Zutaten auch für andere Planeten variieren.

Das Prinzip „Körper und Füllung", das bei dem Spiritus familiaris angewendet worden ist (Lehm/Wachs-Figur mit einer Tinktur in ihr) entspricht dem Herstellungsverfahren von Zauberstäben, bei dem eine Holzröhre mit einer magischen Substanz gefüllt wird (wie sie auch aus den „Harry Potter"-Büchern bekannt sind).

Solch einem Hausgeist kann man Aufträge geben: etwas zu bewachen, etwas zu suchen, jemandem zu schaden – der Phantasie sind hier keine Grenzen gesetzt. Natürlich bewegt sich nicht die Lehm/Wachs-Figur, sondern nur die Lebenskraft, aber die Wirkung der Lebenskraft-Taten dieser Figur können ausgesprochen überzeugend sein.

Ein ähnliches Verfahren wird bei der Herstellung eines „Egregor" benutzt, wie er von manchen Magier-Orden benutzt wird. Dieser „Ordens-Geist" hat keine physische Grundlage, sondern wird lediglich imaginiert und in die Handlungen des Ordens miteinbezogen. So hat er einen Namen, für ihn steht ein Stuhl an dem Versammlungstisch, man kann sich in Traumreisen an ihn wenden usw.

Es gibt jedoch zwei Probleme mit solchen Geistern: Zum einen werden sie mit der Zeit immer eigenständiger und eigenwilliger und zum anderen fühlt sich das Zerstören einer solchen Form wie das Amputieren des eigenen Armes an. Es wäre auch denkbar, daß eine solche Figur von einem anderen Magier entweder und für seine eigenen Zwecke mißbraucht wird.

Im Gegensatz zu den Horcruxen aus den „Harry Potter"-Romanen befindet sich in einem Spiritus familiaris kein Stück der eigenen Seele, sondern ein Stück der eigenen Lebenskraft bzw. des Astralkörpers. Solch ein Hausgeist macht also nicht unsterblich, sondern hat lediglich wie ein Horcrux die Möglichkeit, in der Weise, wie in der Magier erschaffen hat, eigenständig zu handeln – und er ist wie ein Horcrux mit seinem Erschaffer verbunden.

Der praktische Nutzen des Erschaffens eines Spiritus familiaris für das in diesem Buch behandelte Thema ist das Erlebnis, daß man einen Teil der eigenen Psyche abspalten und ihr Aufträge geben kann, die von diesem Teil dann auch im Rahmen seiner Möglichkeiten erfüllt werden. Dadurch kann man erleben, wie es sich die Grenze der eigenen Psyche bzw. des eigenen Lebenskraftkörpers anfühlt, an der man solch ein Wesen erschafft, ihm Aufträge gibt und es evtl. schließlich auch wieder auflöst.

Die Spukphänomene, die ab und zu in der Pubertät von Jugendlichen auftreten, sind unbewußte Abspaltungen des Lebenskraftkörpers dieses Jugendlichen, die durch die erwachende und in diesen Fällen meist nicht vollständig bejahten Sexualität verursacht werden. Sie sind somit unbewußt erschaffene „Hausgeister".

- - -

Eine geweihte Statue ist einem Spiritus familiaris oder einem Egregor sehr ähnlich, aber beides ist nicht dasselbe. Der Unterschied besteht darin, daß bei einem Hausgeist und einem Egregor ein zunächst neutraler Gegenstand bzw. Platz in einem Haus mit Lebenskraft aufgeladen und diese Lebenskraft dann sozusagen zentriert und „organisiert" wird – in die Statue eines verstorbenen Familienmitglieds oder einer Gottheit wird hingegen zwar zunächst auch Lebenskraft geleitet, aber dann der betreffende Ahn bzw. die Gottheit gerufen. Bei dem Hausgeist und dem Egregor wird das Wesen erst erschaffen, bei der Statue wird einem bereits existierenden Wesen ein materieller Körper und ein Lebenskraftkörper in ihm bereitgestellt.

Nun könnte ein Sterbender natürlich wie beim tibetischen Phowa sein Bewußtsein und seinen Lebenskraftkörper in solche eine Statue übertragen. Doch damit wäre nicht viel gewonnen, denn der Betreffende wäre dadurch nur zu einem „ortsgebundenen Geist" geworden. Wenn das Bewußtsein und der Lebenskraftkörper des Sterbenden nicht in einen neuen menschlichen Körper übertragen wird, ist das Ergebnis im Grunde dasselbe wie der Zustand eines Geistes, also der Astralkörper eines Menschen, der sich an sein letztes Leben klammert – beide können nur noch magisch, d.h. telepathisch-telekinetisch handeln, aber nicht mehr physisch.

Somit sind Erfahrungen mit Hausgeistern, Egregoren, geweihten Statuen und Gespenstern (spukenden Geistern von Toten) zwar eine hilfreiche Erfahrung, um Lebenskraft-Wesen ohne beweglichen, organischen Körper kennenzulernen, aber sie ermöglichen keinen direkten Weg zu einer Form der Unsterblichkeit.

- - -

Eine große Hilfe ist natürlich die Astralreise, da man dadurch erlebt, daß man mehr als nur der eigene Körper ist. Der Beginn einer absichtlichen Astralreise kann je nach Veranlagung des betreffenden Menschen recht verschieden aussehen. Wenn die Astralreise mithilfe von Entspannungsübungen erreicht wird, treten die Phänomene „Entspannung – Schwere – Wärme – Vibrieren (6 Hz) – Schwanken – Astralreise" in dieser Reihenfolge auf. Diese Folge ist eine allmähliche Annäherung des Wachbewußtseins an das Traumbewußtsein und somit an den Lebenskraftkörper (Astralkörper) – die Aufmerksamkeit wird schrittweise vom eigenen physischen Körper zum eigenen Lebenskraftkörper verschoben.

Weitgehend dasselbe geschieht auch bei der Erweckung der Kundalini: Bei einigen Methoden der Kundalini-Erweckung wie z.B. den Buchstaben-Übungen wird der Körper zunächst entspannt, er wird dann schwer, dann warm und beginnt dann mit ca. 6Hz zu vibrieren. Schließlich regt sich die Hitze im Wurzelchakra oder im Sonnengeflecht und steigt dann auf. Auch dabei verschiebt sich die Aufmerksamkeit allmählich vom physischen Körper zum Lebenskraftkörper.

Dieser Prozeß findet auch bei der Hypnose statt: Der Hypnotiseur verwendet nacheinander die Suggestionen „Du bist ganz entspannt.", „Du bist müde.", „Du bist schwer" und „Du bist warm." Die Suggestion „Dein Körper beginnt zu vibrieren." wird normalerweise nicht benutzt, da dies keine allgemein bekanntes Phänomen ist, das jeder schon mal erlebt hat.

Schließlich kann man diesen Prozeß auch noch beim Einschlafen erleben: Man wird ruhig, man entspannt sich, man wird schwer, man wird warm, man schläft ein …

Alle diese Vorgänge können eine Hilfe dabei sein, sich der eigenen Lebenskraft und somit auch des eigenen Astralkörpers bewußter zu werden und eine Astralreise zu erleben.

- - -

Eine weitere Form der Ausweitung des Bewußtseins findet sich in der Kampfmagie, bei der man das eigene Bewußtsein und auch den eigenen Willen wie in der Hypnose auf einen anderen Menschen bzw. auf einen Gegenstand oder eine Situation ausweitet.

- - -

Eine direkte Methode sind Rückführungen, die im Prinzip Traumreisen sind, bei denen man vor die eigene Geburt und weiter bis zu einem früheren Leben zurückreist. Wie bei allem in der Magie sollte man mit den Ergebnissen solcher Rückführungen jedoch vorsichtig sein und prüfen, ob sie plausibel und hilfreich sind.

- - -

Buddha beschreibt einen Erleuchteten als jemanden, der die vier grenzenlosen Qualitäten erlangt hat:

1. grenzenlosen Gleichmut (Gelassenheit, Akzeptanz)
2. grenzenloses Mitgefühl (Anteilnahme, Wahrnehmung der anderen)
3. grenzenlose Liebe (die Welt als Einheit erleben)
4. grenzenlose Freude (das eigene Bewußtsein weiten)

Diese vier Qualitäten sind auch eine Anleitung zur Erweiterung des Bewußtseins – und sie sind letztlich auch die Grundlage der Fähigkeit der tibetischen Tulkus, sich an ihre früheren Leben zu erinnern und ihr zukünftiges Leben vorherzusagen.

1. Der grenzenlose Gleichmut bedeutet zunächst einmal ganz schlicht, daß man sich die Dinge anschaut und sie sieht, wie sie sind, d.h. daß man weder etwas hinzufügt noch fortläßt noch verändert – man sieht den Tatsachen ins Auge ohne sie zu beschönigen oder drastischer darzustellen. Dadurch beginnt man in einem ersten Schritt die Welt so zu sehen wie sie tatsächlich ist. Dieser sachlich-nüchterne Realismus und diese Unterscheidungskraft ist die Grundlage einer jeden sinnvollen Weiterentwicklung.

Dieses „Schauen" ist der erste Schritt.

2. Das grenzenlose Mitgefühl entsteht durch die unverzerrte Wahrnehmung der Welt. Zum einen beginnt man die gegenseitigen Abhängigkeiten zu sehen, dann auch die telepathischen Verknüpfungen zwischen den Menschen, das Eingebundensein in dieselben astrologischen Rhythmen, die Kontakte zwischen den Seelen, die Verbundenheit der Götter miteinander und schließlich die allem zugrundeliegende Einheit, die auf der physischen Seite die Raumzeit und auf der Bewußtseinsseite „Gott" ist. Aus diesem Gefühl der grundlegenden Verbundenheit aller Wesen miteinander entsteht das Mitgefühl.

Auf das „Schauen" des ersten Schrittes folgt nun das „Fühlen" des zweiten Schrittes.

3. Die grenzenlose Liebe entsteht dadurch, daß der vorige Schritt deutlich werden läßt, daß oberflächlich gesehen zwar alle Wesen einzeln sind, aber daß sie letztlich eine Einheit sind, wenn man tiefer schaut und den Bereich der Telepathie, des Bewußtseins, der Seelen und der Götter erforscht. Dadurch erlebt man schließlich alle Wesen als einen Teil von sich selber – und liebt sie wie sich selber.

Auf das „Schauen" des ersten Schrittes und das „Fühlen" des zweiten Schrittes folgt nun das „Umarmen" des dritten Schrittes, das der Ausdruck dafür ist, daß man die eigene Identität mit allem anderen erlebt.

4. Die grenzenlose Freude ist die logische Folge der drei vorigen Schritte. Freude entsteht entweder, wenn man einen inneren Widerspruch auflöst und zwei Dinge miteinander integriert oder wenn man in Einklang mit jemandem oder mit etwas im Außen gelangt. Das Erkennen der Einheit hinter aller Vielheit führt dazu, daß man zunehmend in Einklang mit allen Wesen und Dingen gelangt – was zu einer endlosen und in jeder Begegnung immer wieder neuen und daher grenzenlosen Freude führt.

Die Freude ergibt sich aus den drei ersten Schritten des „Schauens", des „Fühlens" und des „Umarmens".

Somit sind diese vier Merkmale eines Erleuchteten, die von Buddha beschrieben worden sind, auch eine Anleitung zum Erreichen der Variante der Unsterblichkeit, die aus der Bewußtwerdung des „grenzenlosen Gedächtnisses" besteht, das sich über die früheren Inkarnationen und auch auf das nächste Leben erstreckt.

- - -

Ein sehr ähnliches Erleben wird auch von den Druiden beschrieben. Es besteht darin, daß sich der Druide als die verschiedensten Tiere, Pflanzen, Geräte, Seen, Berge, Himmel, Feuer, Wasser, Sterne usw. erlebt, d.h. daß er sein Bewußtsein auf die ihn umgebenden Dinge ausweitet. Dies ist sozusagen ein Landschaftsbewußtsein.

Die Kelten sind neben den Indern das einzige Volk gewesen, die die Vorstellung einer Reinkarnation kannte – interessanterweise scheinen die Inder und die Kelten auch diejenigen gewesen zu sein, die die magischen Möglichkeiten und die spirituell-religiösen Gegebenheiten am gründlichsten erforscht haben. Später haben dann die Tibeter durch die Verbindung der vedisch-indischen Tradition, des Buddhismus und des tibetischen Bön-Schamanismus diese Kenntnisse noch weiter erforscht und vertieft.

- - -

Letztlich ist es eigentlich egal, was man unternimmt – die Hauptsache ist, daß man überhaupt mit Telepathie, Astralreisen, Hypnoseversuchen, Meditationen, Traumreisen oder was auch immer beginnt. Nur durch die Praxis kommt man zu Erfahrungen und kann sich weiter in diese unbekannteren Bewußtseinsbereiche vortasten und schließlich die eigene Seele finden.

X   Unsterblichkeit und Macht

Im Zusammenhang mit der Unsterblichkeit taucht immer wieder das Thema „Macht" auf – dieser Zusammenhang ist von J.K. Rowling in ihren Romanen sehr anschaulich anhand von „Lord Voldemort" dargestellt worden.

Das Streben nach Unsterblichkeit entsteht faßt immer aus dem Gefühl von Angst, Bedrohtsein, Ohnmacht, Hilflosigkeit, Ausgeliefertsein u.ä. heraus. Dieses Gefühl kann dann zu einem Streben nach Eigenständigkeit, Selbstbestimmtheit, Unangreifbarkeit, Unverletzlichkeit bis hin zu Unsterblichkeit und Allmacht führen.

Doch das Thema „äußere Macht statt innere Kraft" führt stets zu einer Polarisierung in Macht und Ohnmacht, in Täter und Opfer – und somit auch zu Unterdrückung und letztlich zu Krieg.

Nun gibt es die magischen Möglichkeiten, über die Lord Voldemort im Zusammenhang mit den „Horcruxen" verfügt, meines Wissens in unser Welt nicht wirklich, doch einige Magier, die ich kenne, streben durchaus die physische Unsterblichkeit und eine Form der Allmacht an. Diese Magier haben in vielen Fällen ein eher gnostisches Weltbild, d.h. sie sehen sich im Widerspruch zur Welt und streben letztlich danach, durch ihre Magie die Naturgesetze der Welt außer Kraft zu setzen und sich ihre eigenen Gesetze zu erschaffen.

Das bedeutet natürlich nicht, daß diese Menschen schlichtweg brutale Täter sind, sondern nur, daß sie das Problem der Macht und Ohnmacht in der Welt sehen und beschlossen haben, selber so mächtig zu werden, daß ihnen niemand mehr etwas anhaben kann – und bei diesem Streben kann man es durchaus ziemlich weit bringen.

Meistens sind diese Menschen auch recht sensibel und kennen auch Einsamkeit, Trennungsschmerz, Sucht und Askese, Größenwahn und Minderwertigkeitskomplexe und was es sonst noch so alles an dunklen Bereichen im Leben geben kann. Diese „Macht-Magier" oder „Willens-Magier" zeichnen sich lediglich dadurch aus, daß sie als Lösung der Probleme im Leben das Streben nach (magischer) Macht und nach Unsterblichkeit gewählt haben.

Da es diesen Zusammenhang zwischen Unsterblichkeits-Streben und Macht-Streben recht häufig zu geben scheint, könnte es, wenn man sich selber zu dem Thema „Unsterblichkeit" hingezogen fühlt, durchaus sinnvoll sein, ein wenig Zeit darauf zu verwenden, sich das eigene Verhältnis zur Macht genauer anzuschauen.

XI Der Baum des Lebens

In der jüdischen Kabbala gibt es das Symbol des Lebensbaumes. Diese recht komplexe Graphik besteht aus ca. 40 Elementen. Diese Form ist in allen Dingen enthalten – vom Staubsauger bis zur Deutschen Verfassung und vom Einzeller bis zu gesamten Evolution. Eine vereinfachte Form ist die sogenannte „Mittlere Säule", die die Welt in nur fünf Bereiche aufteilt.

Diese „Mittlere Säule" könnte evtl. eine grobe Landkarte auf dem Weg zu der Form der Unsterblichkeit sei, die aus der Ausweitung des eigenen Bewußtseins besteht – wie dies u.a. die tibetischen Tulkus praktizieren.

Im folgenden sind diese fünf Bereiche so angeführt, wie sie auch auf der Mittleren Säule angeordnet sind: oben die Einheit, unten die Vielheit und in der Mitte die „Essenzen".

1. Bereich: Kether
a) Dies ist die allem zugrundeliegende Einheit.

b) In der Materie ist dies die Raumzeit.

c) In der Religion ist dies Gott und im Bereich des Bewußtseins ist dies das alles umfassende Bewußtsein.

d) In Bezug auf die Zeit ist dies die „zeitlose Ewigkeit".

e) Dieser Bereich erscheint auf Traumreisen als ein einziges, ungegliedertes gleißend weißes Licht.

2. Bereich: Da'ath
a) Dieser Bereich ist ein Kontinuum, d.h. es gibt hier verschiedene Qualitäten, aber keine Abgrenzungen.

b) Das ist z.B. bei Energiequanten wie dem Licht oder der Gravitation der Fall – sie können nicht aneinanderstoßen, sondern durchdringen und überlagern sich. Diese Energiequanten sind Krümmungen der Raumzeit – was zugegebener Weise etwas abstrakt ist, wenn man sich noch nicht ausführlicher mit Energiequanten beschäftigt hat.

c) In der Religion ist dies der Bereich der Götter und der grenzenlosen Qualitäten.

d) Auch die Zeit ist in diesem Bereich nicht „fest", sondern verhält sich in verschiedenen Zusammenhängen auf verschiedene Weise – wie aus der Relativitätstheorie bekannt ist. Die Zeit, die für etwas vergeht, hängt davon ab, wie schnell sich dieses Etwas bewegt. Wahrscheinlich ist dies auch der Bereich, in dem das Erfassen der Vergangenheit und der Zukunft möglich wird.

e) In diesem Bereich sieht man auf Traumreisen Konturen im Licht.

3. Bereich: Tiphareth

a) Dieser Bereich enthält die Essenzen.

b) Das sind in der Physik die Atomkerne.

c) In der Religion und in der Magie sind diese Essenzen die Seelen. Wenn man etwas über die eigenen früheren Inkarnation erfahren will, muß man in diesen Bereich reisen.

d) Die Zeit ist in diesem Bereich der Faden, an dem die Perlen der Inkarnationen aufgereiht sind.

e) In diesen Bereich sieht man auf Traumreisen unbewegte, schlichte, farbige Bilder, die von innen her leuchten.

4. Bereich: Yesod

a) Dies ist der Bereich der Assoziationen, der Zusammenhänge, der Symbole und der Gruppenbildung.

b) Dies sind in der Physik die Moleküle.

c) In der Religion, in der Magie und in der Psychologie sind dies die Symbole, die Telepathie, die Telekinese, die Horoskope, die Analogien usw.

d) Hier findet sich die Zeit als die komplexe Entfaltung der Welt, die zugleich von der Kausalität und der Analogie geprägt ist – entsprechend ist die Psyche eines Menschen zugleich von seinen Genen und von seinem Horoskop geprägt.

e) In diesen Bereich sieht man auf Traumreisen mehr oder weniger schemenhafte Formen, die nur wenig eingefärbt sind, in einem Bereich von einem allgegenwärtigen diffusen, leuchtenden Nebel.

5. Bereich: Malkuth

a) Dies ist der Bereich des Einzelnen, der Trennung und der Vielfalt.

b) In der Physik sind dies die großen materiellen Gegenständen vom Sandkorn bis zu den Planeten.

c) In der Religion, der Magie und der Psychologie ist dies die Gegenwärtigkeit, die Präsenz, das Handeln im Augenblick.

d) Die Zeit ist in diesem Bereich das Jetzt – das natürlich eng mit dem Hier verbunden ist.

e) In diesen Bereich findet das „normale Sehen" mit den Augen statt.

Der Weg zu der Form der Unsterblichkeit, die in der Ausdehnung des eigenen Bewußtseins besteht, wird durch die „Mittlere Säule" in fünf Schritten beschrieben:

1. Der Beginn ist das Hier und Jetzt von Malkuth, d.h. der normale Alltag. Die „Tugend" die in der klassischen Kabbala dem Bereich von Malkuth

zugeordnet wird, ist die Unterscheidungskraft, die einem ermöglicht, die Dinge so zu sehen, wie sie sind.

Das ist der Bereich des eigenen Körpers.

2. Der zweite Schritt ist Yesod, der Bereich der Lebenskraft. Hier sieht man die Zusammenhänge zwischen allen Dingen: die Kausalität, die Analogien z.B. der Astrologie aber auch der Orakel, die die Magie, die Telepathie und die Telekinese sowie generell den Bereich des Unterbewußtseins und somit auch der Lebenskraft prägen. Man schaut sich die Dinge nicht nur von außen her (Materie) an, sondern auch von innen her (Bewußtsein) und ebenso den Übergang zwischen Innen und Außen (Lebenskraft). Dadurch erkennt man Dynamiken, Entwicklungen, Zusammenhänge, Rhythmen und ähnliche Dinge.

Das ist der Bereich der eigenen Verbündeten: das eigene Krafttier, die eigene Kraftpflanze, der eigene Kraftstein und evtl. noch mehr.

3. Der dritte Schritt ist Tiphareth, der Bereich der Essenzen. Hier findet man die eigene Mitte, also den Samen, aus dem heraus die derzeitige Inkarnation entstanden ist. Das, was man im Leben macht, ist ganz einfach das auszudrücken, was man, d.h. was die eigene Seele ist – dieser Selbstausdruck in möglichst ungehinderter und umfassender und strahlender Form ist der Sinn des Lebens und die „natürliche Lebensdynamik". Bei diesem Schritt fragt man „Wer bin ich?" und geht dieser Frage auf den Grund. Zu diesem Schritt gehört auch die Erinnerung an frühere Inkarnationen.

Dies ist der Bereich der eigenen Seele.

4. Der vierte Schritt ist Da'ath, das Kontinuum. In diesem Bereich gibt es zwar verschiedene Qualitäten, aber keine Abgrenzungen. In der Physik sind dies die Energiequanten, im Bereich des Bewußtseins sind dies die Götter. Dies ist auch der Bereich der Erleuchteten, wenn man diesem Begriff Buddhas Definition mithilfe der vier grenzenlosen Qualitäten zugrundelegt – schließlich ist Da'ath der abgrenzungslose Bereich, also das Kontinuum. Bei diesem Schritt sucht man nach den Zusammenhängen, in denen die eigene Seele in der Welt steht.

Dies ist der Bereich der eigenen Schutzgottheit, d.h. der Gottheit, von dessen grenzenlosem „Meer" die eigene Seele ein abgegrenzter „Tropfen" ist.

5. Der fünfte Schritt ist Kether, die Einheit. Über sie läßt sich nicht allzuviel sagen, da sie eben undifferenziert, eins, das einzige und alles ist. Sie ist die „zeitlose Ewigkeit", in der man durch die Ausdehnung des eigenen Bewußt-

seins die Unsterblichkeit erlangt hat – allerdings nicht als eigenständiges, abgegrenztes Wesen, sondern dadurch, daß man wieder erkannt hat, daß man aus dieser Einheit heraus existiert, daß man ein Teil des Selbstausdrucks dieser Einheit ist.

Dieser Bereich wird in den Religionen „Gott" genannt.

Diese Betrachtung führt zu einem Bild von Zyklen und Rhythmen:

- Das Wachbewußtsein am Tag (Malkuth) wechselt mit dem Traumbewußtsein in der Nacht ab (Yesod).

- Die Erschaffung eines Körpers durch die Seele (Tiphareth → Malkuth) wechselt mit der Auflösung dieses Körpers (Malkuth → Tiphareth) ab.

- Eine Seele entsteht aus einer Gottheit heraus (Da'ath → Tiphareth) und löst sich vrmutlich irgendwann auch wieder in sie hinein auf (Tiphareth → Da'ath).

- Dasselbe gilt schließlich vermutlich auch für die Gottheiten (Kether → Da'ath → Kether).

Der Ansatz der „Weitung des Bewußtseins" ist vielversprechend, weil es ihn offenbar schon als natürlichen Vorgang gibt. Das bedeutet natürlich nicht, daß dieser Weg einfach ist, aber es scheint ihn immerhin zu gehen – und er wird auch von vielen „Suchern" beschrieben: von den Yogis als das Yoga-System, von den Juden als Lebensbaum, von den Sufis als Rosenweg, von den Buddhisten als Lamrim usw.

Es ist natürlich die Frage, ob diese Form der Unsterblichkeit das ist, was man sucht, oder ob man eigentlich etwas anderes anstrebt.

XII   Der Wille

Unsterblichkeit ist kein einfaches Ziel – egal, ob man damit „unsterblichen Ruhm", die Bewußtheit über seine eigenen früheren Inkarnationen oder gar die eigene physische Unsterblichkeit meint.

Um dieses Ziel zu erreichen, braucht man eine klare Motivation, einen starken Willen, viel Sachkenntnis, Mut, Ausdauer und vermutlich noch so einiges andere. Dazu kommt noch die Bereitschaft, Neuland zu erforschen, da jede Form der Unsterblichkeit (wenn man einmal von Ruhm absieht) etwas ist, wozu es keine einfach umzusetzenden Handbücher gibt.

Daher ist es als erstes sinnvoll, die eigene Motivation zu prüfen: Warum will ich Unsterblichkeit erreichen? Habe ich einfach Angst vor dem Tod? Will ich der „Bestimmer" sein? Suche ich Allmacht?

Wenn die Motivation klar ist, sollte man sie vorsichtshalber noch ein zweites und drittes mal prüfen.

Dann sollte man schauen, welche Form der Unsterblichkeit man anstrebt – und ob jemand bekannt ist, der diese Form der Unsterblichkeit schon einmal erreicht hat. Evtl. gibt es etwas, was man von anderen lernen kann, aber vermutlich muß man sich auch einfach auf den Weg machen, experimentieren und prüfen und wieder experimentieren und prüfen und immer wieder neue Experimente ersinnen, neue Wege erproben und hin und wieder auch den eigenen Kurs korrigieren.

Ob man sein Ziel erreichen wird, ist ungewiß. Es ist auch ungewiß, ob es überhaupt erreichbar ist. Und es ist ungewiß, was man auf dem Weg zu diesem Ziel alles finden wird.

Vor dem Hintergrund des Strebens nach Macht und Dominanz, die man in der Regel zusammen mit dem Streben nach Unsterblichkeit antrifft, ist zudem anzunehmen, daß es ein einsamer Weg werden könnte – was allerdings nicht unbedingt so sein muß.

XIII Die Möglichkeiten

Bei der Betrachtung des Themas „Unsterblichkeit" hat sich gezeigt, daß es zunächst einmal derzeit nicht möglich ist, physisch unsterblich zu werden – und sehr wahrscheinlich auch in naher Zukunft nicht.

Das Übertragen des eigenen Bewußtseins in einen anderen Körper ist erlernbar, aber diese Methode verlängert zwar das eigene Leben, aber sie löst das Problem der Sterblichkeit nicht auf grundlegende Art.

Die einzige realistischerweise erreichbare Form der Unsterblichkeit ist die Ausdehnung des eigenen Bewußtseins auf die eigenen früheren und zukünftigen Inkarnationen, wodurch zumindestens schon einmal ein Bewußtsein entsteht, daß sich über mehrere Jahrhunderte erstreckt.

Die weitere Ausdehnung des Bewußtseins auf andere Menschen und Dinge führt zu dem abgrenzungslosen Bewußtsein, das im Bereich der Gottheiten verankert ist. Ein interessanter Aspekt dieses Bewußtseins ist, daß aus diesem Bewußtsein heraus auch die größeren Formen der Magie wie Verwandlungen, Materialisierungen, Spontanheilungen und ähnliches möglich sind. Beim Erreichen dieser Form von Unsterblichkeit stellt sich eine neue und große Form der Macht ein – jedoch auf natürliche Weise und nicht als notwendiges Hilfsmittel zur Aufrechterhaltung einer Unsterblichkeit, die vor allem eine Dominanz gegenüber anderen und gegenüber der Welt ist.

XIV   Die Folgen der Unsterblichkeit

Was geschieht, wenn man das Ziel tatsächlich erreichen sollte – auf welche Weise auch immer?

Wird die Angst vor dem Tod noch größer, wenn man weiß, daß man potentiell unsterblich ist? In dem 1976 erschienen Film „Das blaue Palais – Unsterblichkeit" ist dieses Thema untersucht worden. Die Menschen, die glaubten, daß sie nicht zu sterben brauchten, haben sich zumindestens in diesem Film in ihren Zimmern verschanzt, weil sie gefürchtet haben, draußen bei einem Unfall sterben zu können.

Was bedeutet Unsterblichkeit? Bedeutet das auch ewiges Arbeiten, um sich ernähren zu können? Und wie ist es mit der Fitness bestellt, wenn man tatsächlich erst einmal 2000 Jahre alt geworden ist? Ist auch die körperliche Konstitution so, daß man das unsterbliche Leben genießen kann?

Und was geschieht, wenn es immer mehr Menschen gäbe, die unsterblich wären? Die Überbevölkerung der Erde würde rasant zunehmen …

Das Problem der Überbevölkerung, wenn die Menschen unsterblich sind, ist schon seit mindestens 3000 Jahren bekannt: Die persische Mythologie beginnt damit, daß der Urkönig Yima über Menschen herrscht, die nicht sterben. Um Platz für sie zu schaffen, muß er nach 300 Jahren die Götter bitten, die Erde auszudehnen. Nach wieder dreihundert Jahren bat König Yima die Götter noch einmal um denselben Gefallen. Beim dritten mal, also 900 Jahre nach der Erschaffung der Menschen sahen Yima und die Götter ein, das die Erweiterung der Erde keine Lösung ist und führten den Tod der Menschen ein, um das Problem zu lösen.

- - -

Das Streben nach Unsterblichkeit könnte, wenn der Betreffende alles zuende denkt, auch noch einen unerwarteten Nebeneffekt haben. Die Haltung „nach mir die Sintflut" wäre nicht sinnvoll, wenn man davon ausgeht, daß man noch einige Hundert Jahre oder sogar unbegrenzt lange leben wird. Folglich würde man das Engagement entwickeln, die Erde, auf der man lebt, möglichst intakt zu erhalten und zu einem lebenswerten Ort zu machen.

Das Streben nach Unsterblichkeit könnte daher nebenher auch zu einer ökologischen Lebenseinstellung führen …

- - -

Es könnte auch sein, daß man sich als „Unsterblicher" ziemlich einsam fühlt – zum einen dann, wenn man der einzige „Unsterbliche" sein sollte und alle Freunde und

45

Geliebte nach spätestens 100 Jahren sterben, und zum anderen, weil man sich möglicherweise selber isoliert, um das eigene Leben zu schützen. Dies gilt zumindestens für die physische Unsterblichkeit.

Bei der „bewußten Reinkarnation" der Tulkus könnte man hingegen die anderen Tulkus, mit denen man befreundet ist, in jedem neuen Leben wiedertreffen – so wie der Dalai Lama und der Panchen Lama.

- - -

Es gibt noch einen ganz anderen Weg: Um zur Unsterblichkeit zu gelangen, ist es am hilfreichsten, im Hier und Jetzt so lebendig wie möglich zu sein.

Die vollständige Präsenz im Hier und Jetzt führt dazu, daß man die Dinge so sieht, wie sie sind, daß man sich selber von allen Blockaden heilt und dadurch nach und nach immer „tiefer" blickt.

Die vollständige Präsenz im Hier und Jetzt führt dazu, daß man den Augenblick wirklich lebt und wirklich „in der Zeit ankommt". Sollte das nicht auch der einfachste Weg sein, um die Zeit in ihrer ganzen Ausdehnung erfassen zu können, d.h. das eigene Bewußtsein auf die Vergangenheit und die Zukunft ausdehnen zu können?

Die vollständige Präsenz im Hier und Jetzt führt dazu, daß man den ständigen Wandel annehmen und ihn tanzen kann – und gleichzeitig seine Wahrnehmung und sein Bewußtsein immer weiter ausdehnt und dadurch schließlich aus dem Ganzen heraus im Hier und Jetzt ruht.

Diese Form der Unsterblichkeit, also das auf das Gesamtbewußtsein, das man „Gott" nennen könnte, ausgeweitete Bewußtsein, durch das man in allem ist, ist vermutlich die Form der Unsterblichkeit, die man am realistischsten erreichen kann.

XIV Zusammenfassung

Zunächst einmal kann man sagen, daß es keine gesicherten Hinweise darauf gibt, daß schon einmal ein Menschen deutlich mehr als 122 Jahre alt geworden ist – auch keine Alchemisten, die nach dem Lebenselixier gesucht haben. Es gibt zwar allerlei Gerüchte über ein extrem langes Leben wie die über den Grafen von St. Germain, aber eben nichts Gesichertes.

Die beste bekannte Annäherung an eine Form der Unsterblichkeit sind die Tulkus, die sich an frühere Leben erinnern und ihr nächstes Leben voraussagen können. Die Tulkus sind sozusagen in einer Reihe von Körper mit durchgehendem Bewußtsein unsterblich.

Ebenfalls eine reale Möglichkeit scheint das Phowa zu sein, d.h. die Übertragung des Bewußtseins eines sterbenden Lamas (tibetischer Mönch) in den Körper eines jungen Toten und die darauf folgende Wiederbelebung des Körpers dieses jungen Toten mit dem Bewußtsein des sterbenden Lamas in ihm. Dieses Verfahren verlängert das Leben des Lamas jedoch maximal auf die Länge von zwei Leben und ist noch keine Unsterblichkeit.

Weiterhin gibt es die vielen Wunder, die die Yogis, die Heiligen, die Sufis, die Propheten, die Lamas, die Schamanen usw. vollbracht haben, die vermuten lassen, daß sie zumindestens auch die Fähigkeit der Lebensverlängerung entwickelt haben könnten – aber etwas derartiges ist nicht bekannt. Hingegen ist das „Auferwecken von den Toten" nicht nur von Christus, sondern auch von den Propheten und den Yogis überliefert.

Die verschiedenen technischen Möglichkeiten, eine Unsterblichkeit zu erlangen wie Gehirn-Verpflanzungen eines alten Menschen in den Körper eines gerade gestorbenen jungen Menschen, Cyborgs, Klone, Mind Uploading und dergleichen mehr funktionieren bisher nur in Sciencefiction-Romanen und -Filmen, aber nicht in der Realität.

Interessant scheint auch die Kombination von technischen mit magischen Methoden zu sein – was jedoch von den Möglichkeiten, Risiken und Nebenwirkung her bislang noch vollkommen unüberschaubar ist.

Somit ist die Ausweitung des eigenen Bewußtseins bisher der erfolgversprechendste Ansatz. Diese Ausweitung kann in mindestens zwei verschiedene Richtungen hin vorgenommen werden:

- Das „Tulku-Verfahren": Dabei wird das Wachbewußtsein auf die früheren Inkarnationen und auf die nächste, noch in der Zukunft liegende Inkarnation ausgedehnt.

- Das „Buddha-Verfahren": Dabei wird das Wachbewußtsein allgemein immer weiter ausgeweitet, sodaß es schließlich alle Menschen und letztlich alle Lebewesen und die gesamte Erde (oder Welt?) umfaßt. Das entspricht den vier grenzenlosen (abgrenzungslosen) Eigenschaften eines Erleuchteten, die von Buddha beschrieben werden, sowie weitgehend auch dem „Landschaftsbewußtsein" der Druiden.

Bei dieser Bewußtseinsausweitung verändert sich jedoch das Bild der eigenen Identität. Es wird schrittweise vom Wachbewußtsein zum Unterbewußtsein und weiter zum Tiefschlafbewußtsein der Seele hin verschoben und dann noch weiter über den Bereich der Gottheiten zu der allem zugrundeliegenden Einheit (Nirvana), die dann die eigentliche und auch unsterbliche Identität ist.

Man kann für dieses Verfahren natürlich auch die entsprechenden Begriffe aus der jüdischen Kabbala (Lebensbaum), aus der christlichen Mystik, aus dem Sufismus, dem Yoga usw. verwenden – das ändert jedoch nichts an dem Grundprinzip der Bewußtseinsausdehnung oder Bewußtseinserweiterung.

Das „Tulku-Verfahren" ist letztlich ein Unterpunkt des „Buddha-Verfahrens", bei dem man das eigene Bewußtsein zunächst einmal nur auf die eigenen früheren Inkarnationen und die zukünftige Inkarnation ausweitet, also auf den persönlichen „Seelen-Faden" im Geflecht der Entwicklungen in der Zeit.

Die Menschen, die das „Buddha-Verfahren" und seine Entsprechungen in anderen Religionen angewendet haben, sind oft zu dem Schluß gelangt, daß die Zeit eine Illusion ist, d.h. sie sind durch die Ausweitung ihres Bewußtseins in einen Bereich gelangt, in dem sie durch die Zeit genauso einfach wie durch den Raum blicken konnten. Das ist natürlich auch eine Form der Unsterblichkeit, die einfach dadurch entsteht, daß die Zeit als ständige Veränderung des Augenblicks zu existieren aufhört und man den gesamten Fluß der Zeit in Vergangenheit, Gegenwart und Zukunft sehen kann.

Diese Fähigkeit ist auch die Grundlage für ein verläßliches Erkennen der Zukunft, wie es sich manche Seher und Wahrsagerinnen erworben haben.

Es ist natürlich eine sehr persönliche Frage, ob man diese „Zeitlosigkeit" auch als eine Form der Unsterblichkeit erlebt oder nicht.

- - -

Unsterblichkeit im Sinne einer endlosen, unverletzbaren, ewigen physischen Existenz ist vermutlich unerreichbar.

Die Verlängerung des Lebens durch technische und magische Methoden oder auch durch die Kombination dieser beiden Methoden ist in begrenztem Maße möglich.

Die Ausdehnung der Wahrnehmung auf alle beliebigen Dinge sowie auf die gesamte

Zeit ist erreichbar, wobei sich dabei auch das Erleben der eigenen Identität verändern und immer weniger persönlich werden wird. Dieser Ansatz ist am erfolgversprechendsten.

English Books by Harry Eilenstein

- Living Magic (261 p.)	- Money Magic for Beginners (60 p.)
- The Synthesis of Physics and Magic (192 p.)	- Magic Objects for Beginners (64 p.)
- Telepathy for Beginners (60 p.)	- Shamanism for Beginners (52 p.)
- Telepathy for Advanced Learners (52 p.)	- Chakra-Magic for Beginners (148 p.)
- Telekinesis for Beginners (56 p.)	- Language of the Moon – for Beginners (128 p.)
- Life Force for Beginners (76 p.)	- Self Knowledge for Beginners (60 p.)
- Kundalini for Beginners (104 p.)	- Da'ath-Magic for Beginners (64 p.)
- Astral Projection for Beginners (60 p.)	- Astrology for Beginners (112 p.)
- Meditation for Beginners (60 p.)	- Number Symbolism for Beginners (64 p.)
- Prophecy for Beginners (60 p.)	- Mandalas for Beginners (76 p.)
- Ritual Magic for Beginners (64 p.)	- Crop Circles for Beginners (344 p.)
- Magic Chant for Beginners (108 p.)	- Feng Shui for Beginners (96 p.)
- Invocations for Beginners (52 p.)	- Magic Research for Beginners (140 p.)
- Evocations for Beginners (62 p.)	
- Auto-Movement for Beginners (60 p.)	- Magic for Beginners – Anthology I (636 p.)
- Elves for Beginners (56 p.)	- Magic for Beginners – Anthology II (616 p.)
- Hypnosis for Beginners (56 p.)	- Magic for Beginners – Anthology III (684 p.)
- Love Magic for Beginners (52 p.)	- Magic for Beginners – Anthology IV (580 p.)

Bücher von Harry Eilenstein

Religion allgemein
- Die sieben Schritte des Lebens (428 S.)
- Muttergöttin und Schamanen (168 S.)
- Göbekli Tepe (472 S.)
- Die Göttin von Göbekli Tepe (144 S.)
- Totempfähle (440 S.)
- Der Urriese (168 S.)
- Die Biographie des Teufels (144 S.)
- Pan (336 S.)
- Christus (60 S.)
- Dakini (80 S.)
- Vajra (76 S.)

Ägypten
- Hathor und Re 1: Götter und Mythen im Alten Ägypten (432 S.)
- Hathor und Re 2: Die altägyptische Religion – Ursprünge, Kult und Magie (396 S.)
- Isis (508 S.)

Indogermanen
- Die Entwicklung der indogermanischen Religionen (700 S.)
- Wurzeln und Zweige der indogermanischen Religion (224 S.)

Germanen
- Die Götter der Germanen (87 Bände – siehe nächste Seite)
- Odin (300 S.)

Kelten
- Cernunnos (690 S.)
- Taliesin (228 S.)
- Der Kessel von Gundestrup (220 S.)
- Der Chiemsee-Kessel (76)

Psychologie
- Über die Freude (100 S.)
- Das Geheimnis des inneren Friedens (252 S.)
- Das Beziehungsmandala (52 S.)
- Gefühle und ihre Verwandlungen (404 S.)
- einsgerichtet (140 S.)
- Liebe und Eigenständigkeit (216 S.)
- Von innerer Fülle zu äußerem Gedeihen (52 S.)

Heilung
- Die Symbolik der Krankheiten (76 S.)

Kunst
- Herz des Tanzes – Tanz des Herzens (160 S.)

Drama
- König Athelstan (104 S.)

Bücher von Harry Eilenstein

„Magie für Anfänger"

- Telepathie für Anfänger (60 S.)
- Telepathie für Fortgeschrittene (52 S.)
- Telekinese für Anfänger (52 S.)
- Lebenskraft für Anfänger (60 S.)
- Meditation für Anfänger (56 S.)
- Kundalini für Anfänger (100 S.)
- Hypnose für Anfänger (56 S.)
- Auto-Movement für Anfänger (56 S.)
- Chakra-Magie für Anfänger (148 S.)
- Astralreisen für Anfänger (56 S.)
- Unsterblichkeit für Anfänger (52 S.)
- Astrologie für Anfänger (120 S.)
- Ritual-Magie für Anfänger (56 S.)
- Mandalas für Anfänger (68 S.)
- Geldzauber für Anfänger (56 S.)
- Liebeszauber für Anfänger (52 S.)
- Invokationen für Anfänger (52 S.)
- Evokationen für Anfänger (60 S.)
- Elfen für Anfänger (56 S.)
- Magie-Forschung für Anfänger (140 S.)
- Selbsterkenntnis für Anfänger (52 S.)
- Zahlensymbolik für Anfänger (60 S.)
- Die Sprache des Mondes – für Anfänger (116 S.)
- Zaubergesänge für Anfänger (100 S.)
- Zukunftschau für Anfänger (60 S.)
- Schamanismus für Anfänger (52 S.)
- Magische Gegenstände für Anfänger (68 S.)
- Da'ath-Magie für Anfänger (64 S.)
- Kornkreise für Anfänger (348 S.)
- Feng Shui für Anfänger (96 S.)
- Magie für Anfänger – Sammelband I (696 S.)
- Magie für Anfänger – Sammelband II (664 S.)
- Magie für Anfänger – Sammelband III (580 S.)

„Traumreisen"

- Traumreisen zu Heilpflanzen (700 S.)

Magie

- Handbuch für Zauberlehrlinge (408 S.)
- Tarot (104 S.)
- Physik und Magie (184 S.)
- Die Synthese von Physik und Magie (200S.)
- Die Magie-Formel (156 S.)
- Krafttiere – Tiergöttinnen – Tiertänze (112 S.)
- Schwitzhütten (524 S.)
- Mythen und Magie der Harfe (116 S.)
- Magie heute – Berichte aus der Praxis (288 S.)

Meditation

- Der Lebenskraftkörper (230 S.)
- Die Chakren (100 S.)
- Das Chakren-System mit den Nebenchakren (296 S.)
- Organe und Chakren (64 S.)
- Die platonischen Körper in den Chakren (156 S.)
- Meditation (140 S.)
- Drachenfeuer (124 S.)
- Kundalini I (676 S.)
- Reinkarnation (156 S.)
- einsgerichtet (140 S.)

Astrologie

- Astrologie (496 S.)
- Photo-Astrologie (428 S.)
- Die astrologischen Aspekte (88 S.)
- Horoskop und Seele (120 S.)

Kabbala

- Kursus der praktischen Kabbala (150 S.)
- Eltern der Erde (450 S.)
- Blüten des Lebensbaumes:
    - Die Struktur des kabbalistischen Lebensbaumes (370 S.)
    - Der kabbalistische Lebensbaum als Forschungshilfsmittel (580 S.)
    - Der kabbalistische Lebensbaum als spirituelle Landkarte (520 S.)

Die Themen der 87 Bände der Reihe „Die Götter der Germanen"

1. Die Entwicklung der germanischen Religion
2. Lexikon der germanischen Religion
3. Der ursprüngliche Göttervater Tyr
4. Tyr in der Unterwelt: der Schmied Wieland
5. Tyr in der Unterwelt: der Riesenkönig   Teil 1
6. Tyr in der Unterwelt: der Riesenkönig   Teil 2
7. Tyr in der Unterwelt: der Zwergenkönig
8. Der Himmelswächter Heimdall
9. Der Sommergott Baldur
10. Der Meeresgott: Ägir, Hler und Njörd
11. Der Eibengott Ullr
12. Die Zwillingsgötter Alcis
13. Der neue Göttervater Odin   Teil 1
14. Der neue Göttervater Odin   Teil 2
15. Der Fruchtbarkeitsgott Freyr
16. Der Chaos-Gott Loki
17. Der Donnergott Thor
18. Der Priestergott Hönir
19. Die Göttersöhne
20. Die unbekannteren Götter
21. Die Göttermutter Frigg
22. Die Liebesgöttin: Freya und Menglöd
23. Die Erdgöttinnen
24. Die Korngöttin Sif
25. Die Apfel-Göttin Idun
26. Die Hügelgrab-Jenseitsgöttin Hel
27. Die Meeres-Jenseitsgöttin Ran
28. Die unbekannteren Jenseitsgöttinnen
29. Die unbekannteren Göttinnen
30. Die Nornen
31. Die Walküren
32. Die Zwerge
33. Der Urriese Ymir
34. Die Riesen
35. Die Riesinnen
36. Mythologische Wesen
37. Mythologische Priester und Priesterinnen
38. Sigurd/Siegfried
39. Helden und Göttersöhne
40. Die Symbolik der Vögel und Insekten
41. Die Symbolik der Schlangen, Drachen und Ungeheuer
42.a Die Symbolik der Herdentiere I
42.b Die Symbolik der Herdentiere II
43. Die Symbolik der Raubtiere

44. Die Symbolik der Wassertiere und sonstigen Tiere
45. Die Symbolik der Pflanzen
46. Die Symbolik der Farben
47. Die Symbolik der Zahlen
48. Die Symbolik von Sonne, Mond und Sternen
49.a Das Jenseits I – Das Hügelgrab
49.b Das Jenseits II – Der Jenseitsweg
50. Seelenvogel, Utiseta und Einweihung
51. Wiederzeugung und Wiedergeburt
52. Elemente der Kosmologie
53. Der Weltenbaum
54. Die Symbolik der Himmelsrichtungen und der Jahreszeiten
55.a Mythologische Motive I
55.b Mythologische Motive II
56. Der Tempel
57. Die Einrichtung des Tempels
58. Priesterin – Seherin – Zauberin – Hexe
59. Priester – Seher – Zauberer
60. Rituelle Kleidung und Schmuck
61. Skalden und Skaldinnen
62 Kriegerinnen und Ekstase-Krieger
63. Die Symbolik der Körperteile
64.a Magie und Ritual I
64.b Magie und Ritual II
64.c Magie und Ritual III
65. Gestaltwandlungen
66.a Magische Angriffs-Waffen
66.b Magische Verteidigungs-Waffen
67. Magische Werkzeuge und Gegenstände
68. Zaubersprüche
69. Göttermet
70. Zaubertränke
71. Träume, Omen und Orakel
72. Runen
73. Sozial-religiöse Rituale
74. Weisheiten und Sprichworte
75. Kenningar
76. Rätsel
77. Die vollständige Edda des Snorri Sturluson
78. Frühe Skaldenlieder
79.a Mythologische Sagas I
79.b Mythologische Sagas II
80. Hymnen an die germanischen Götter